Color Chart

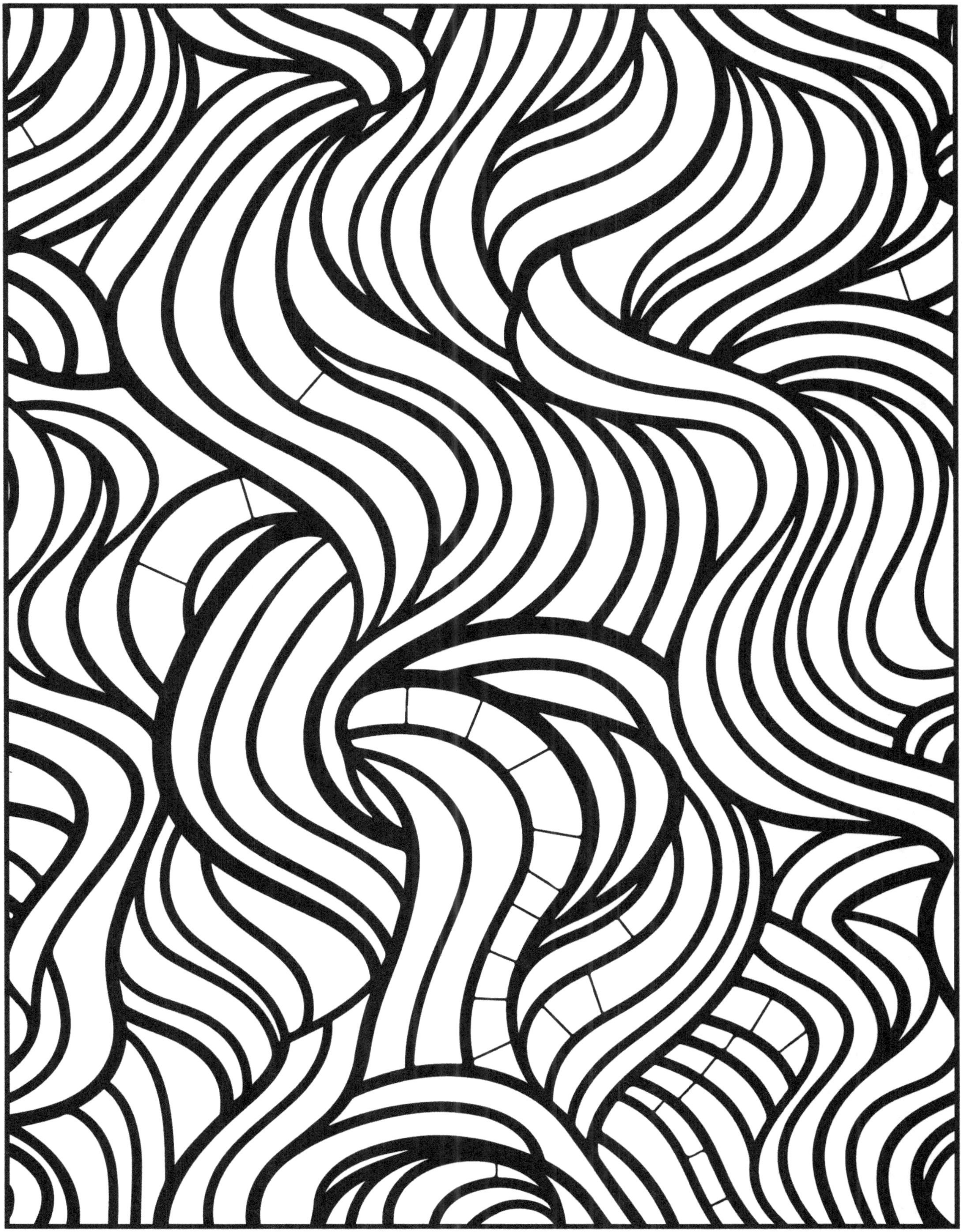

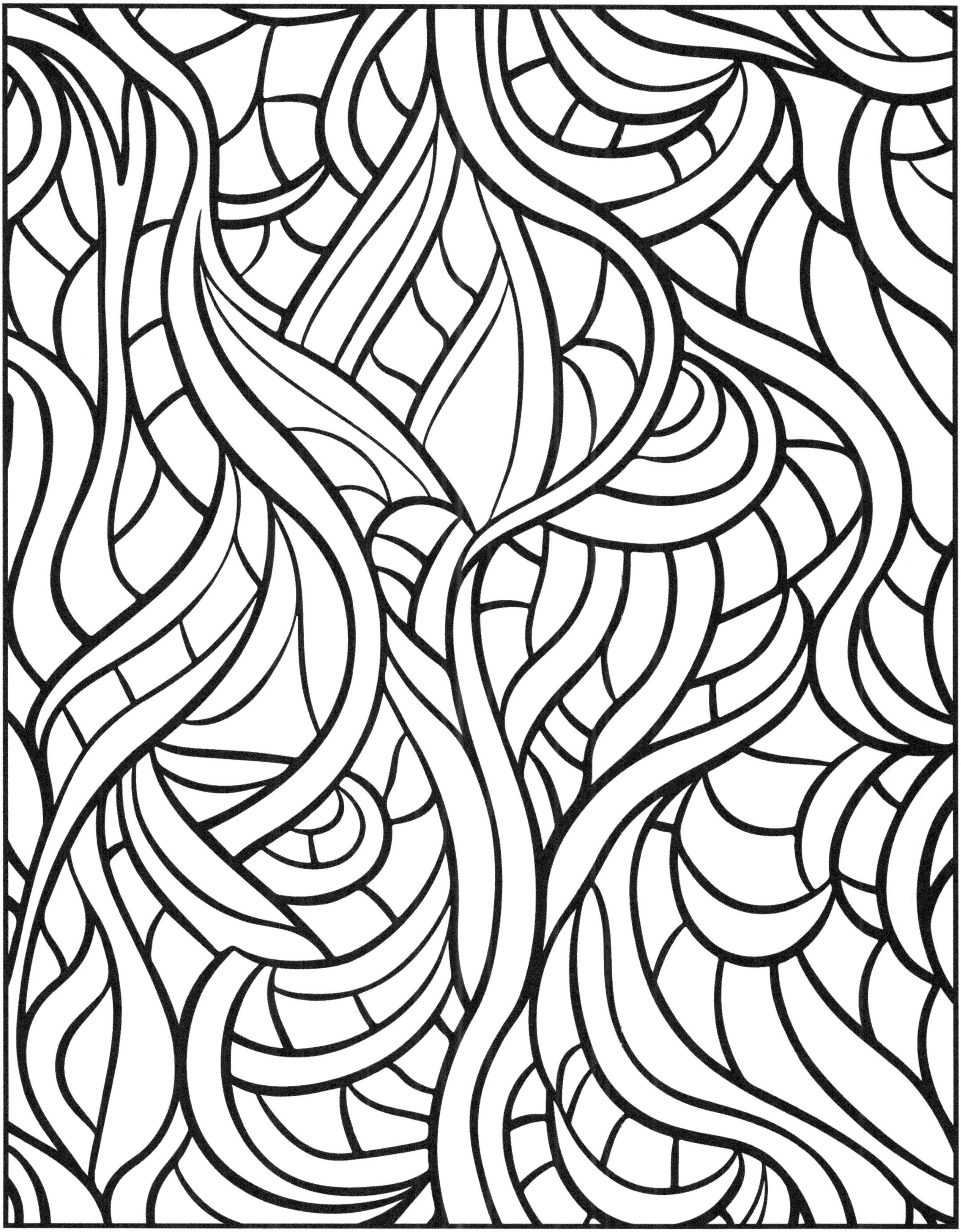

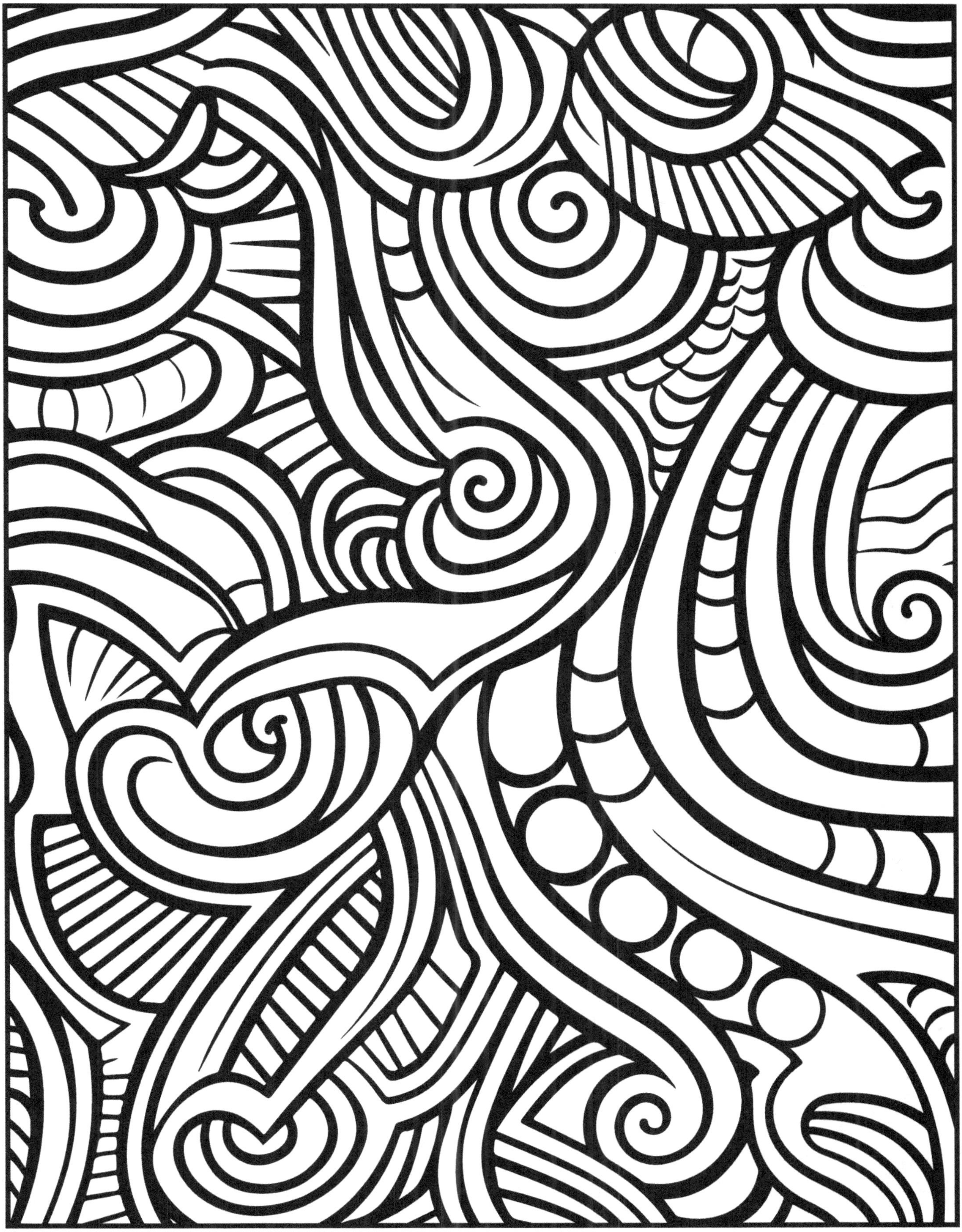

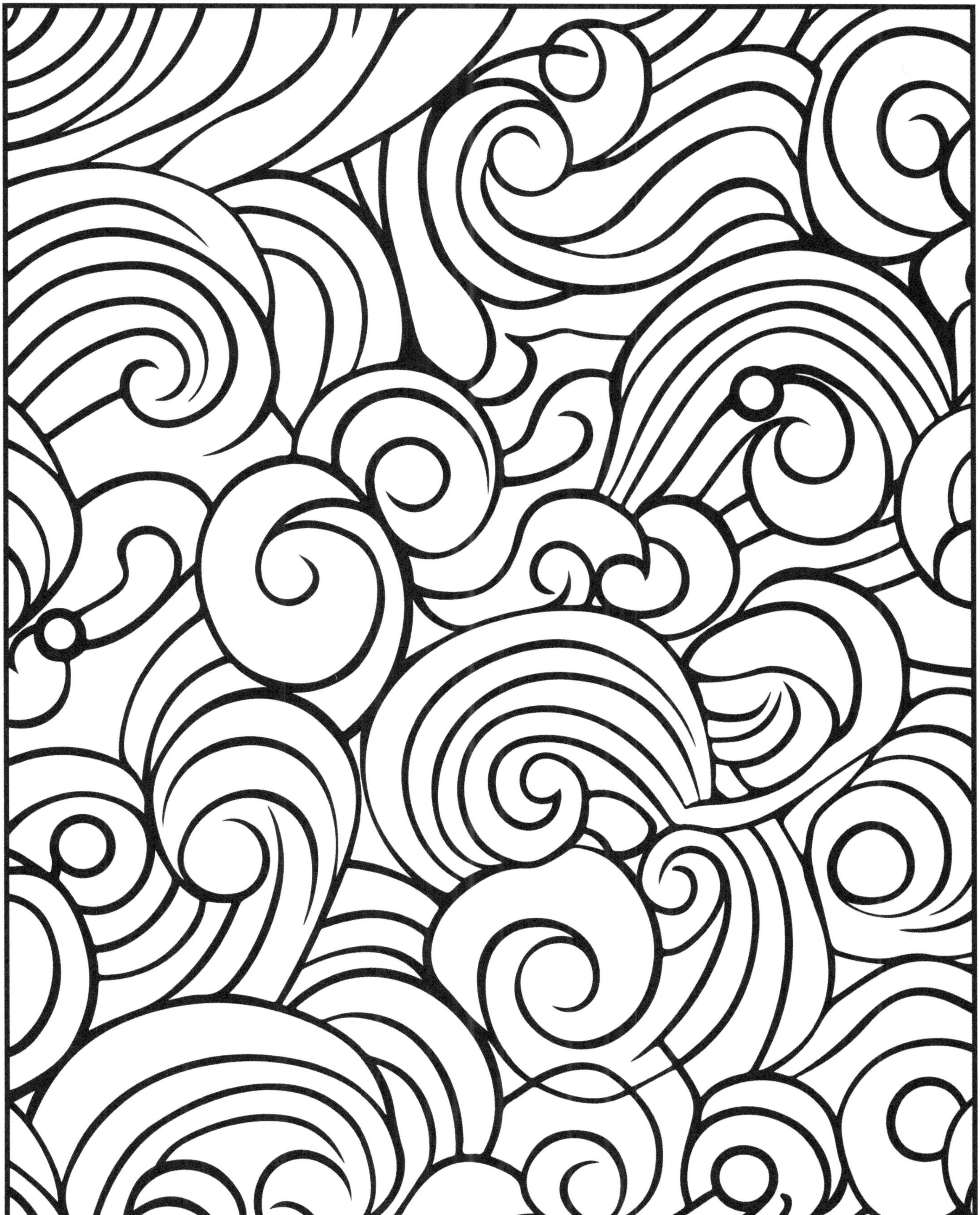

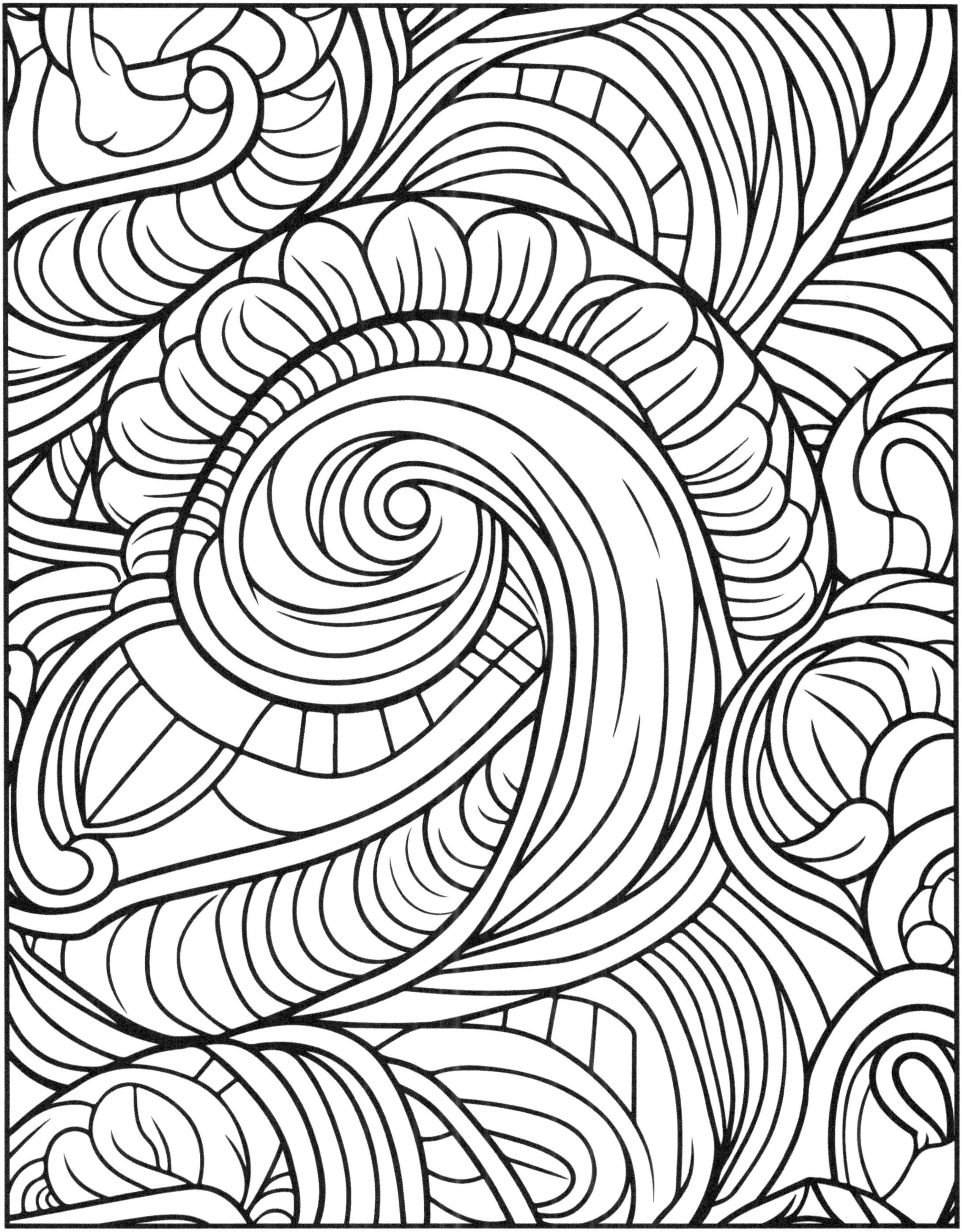

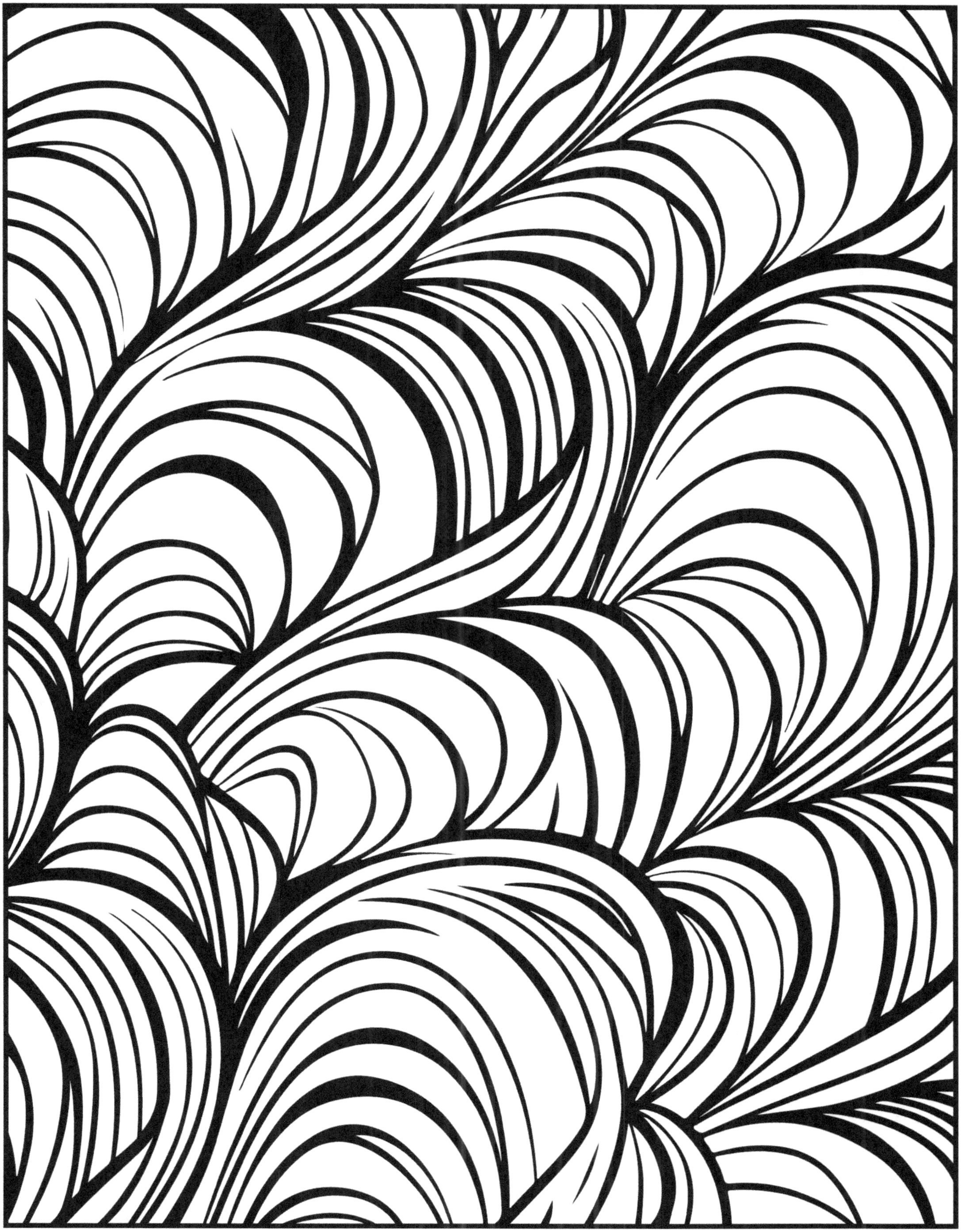

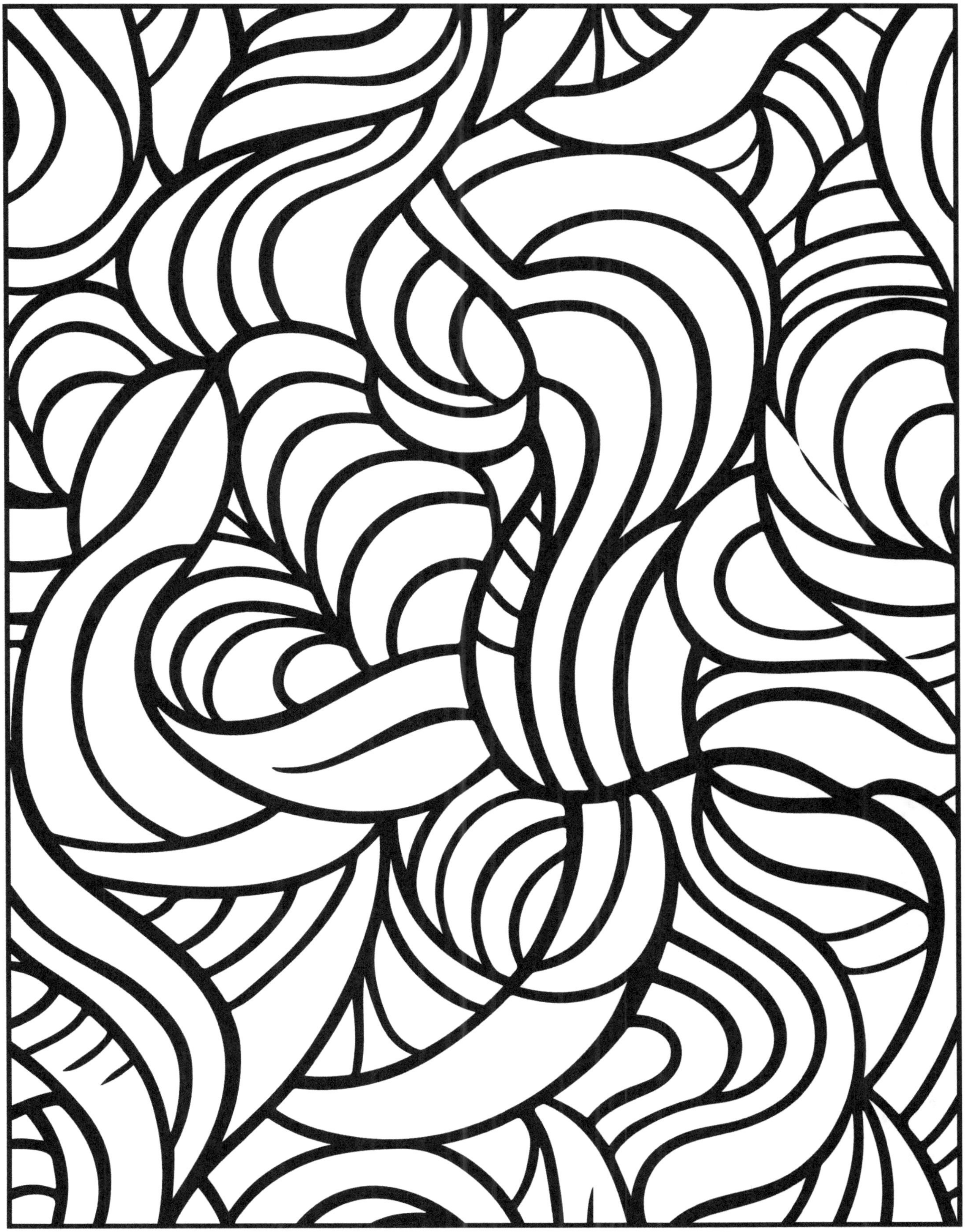

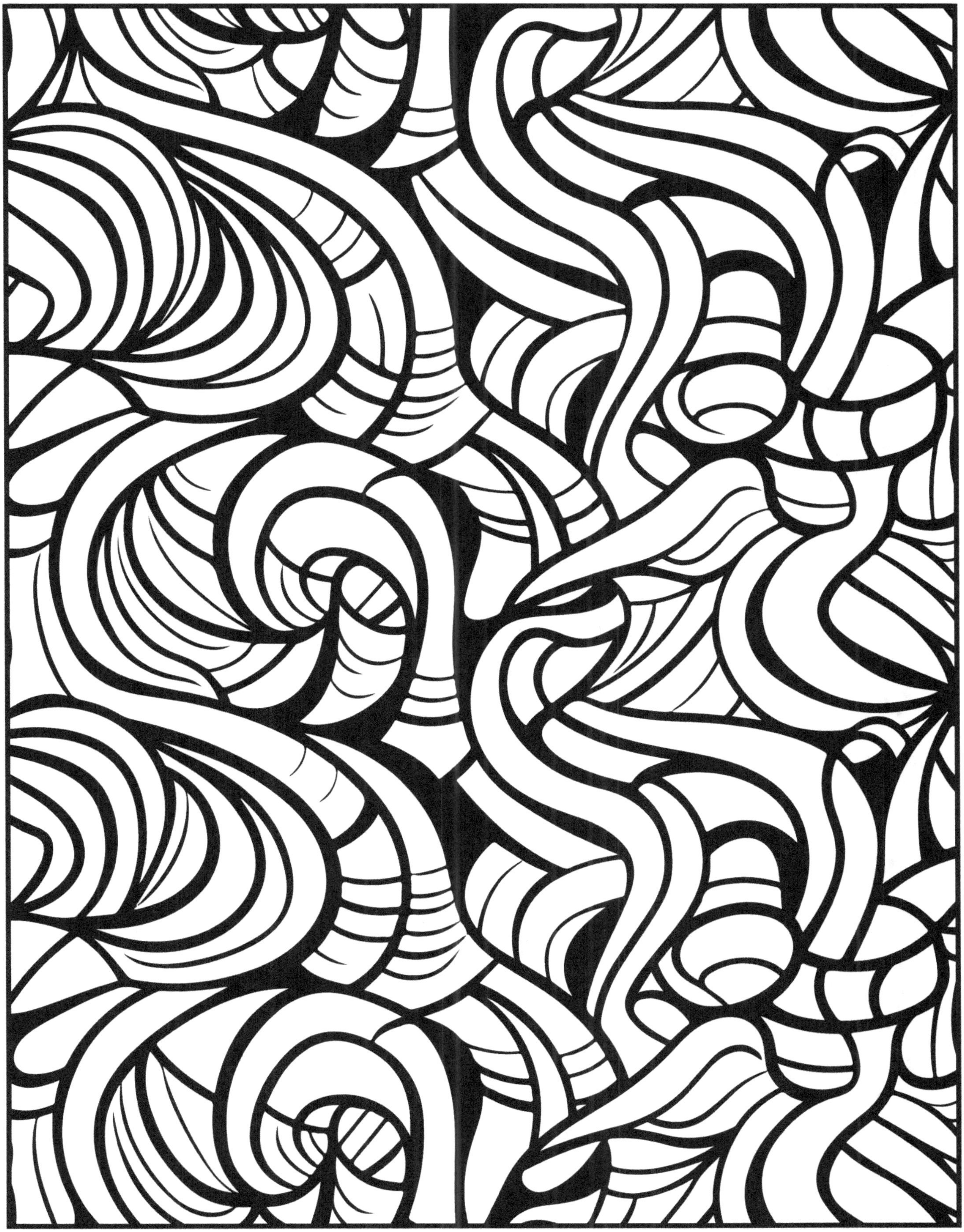

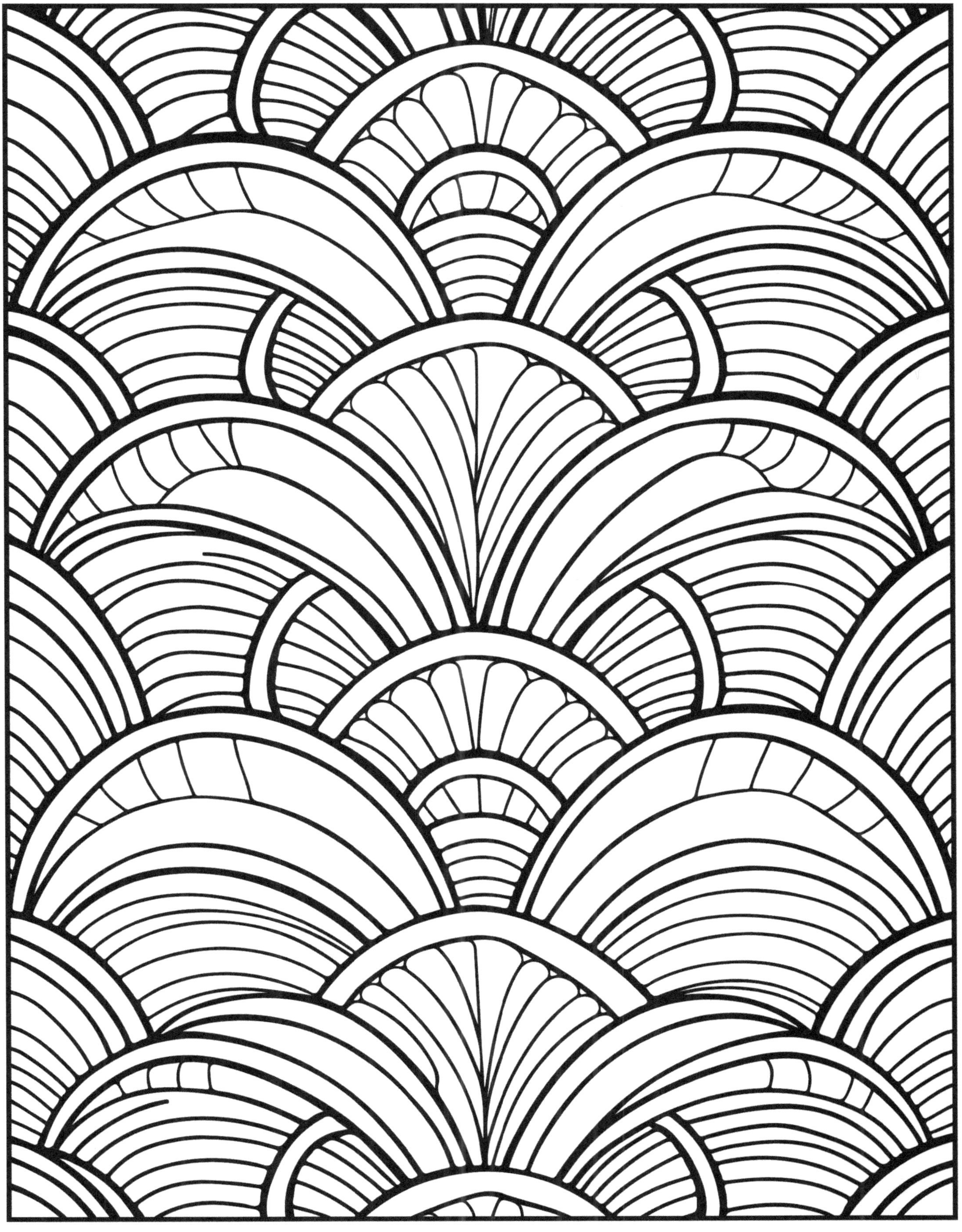

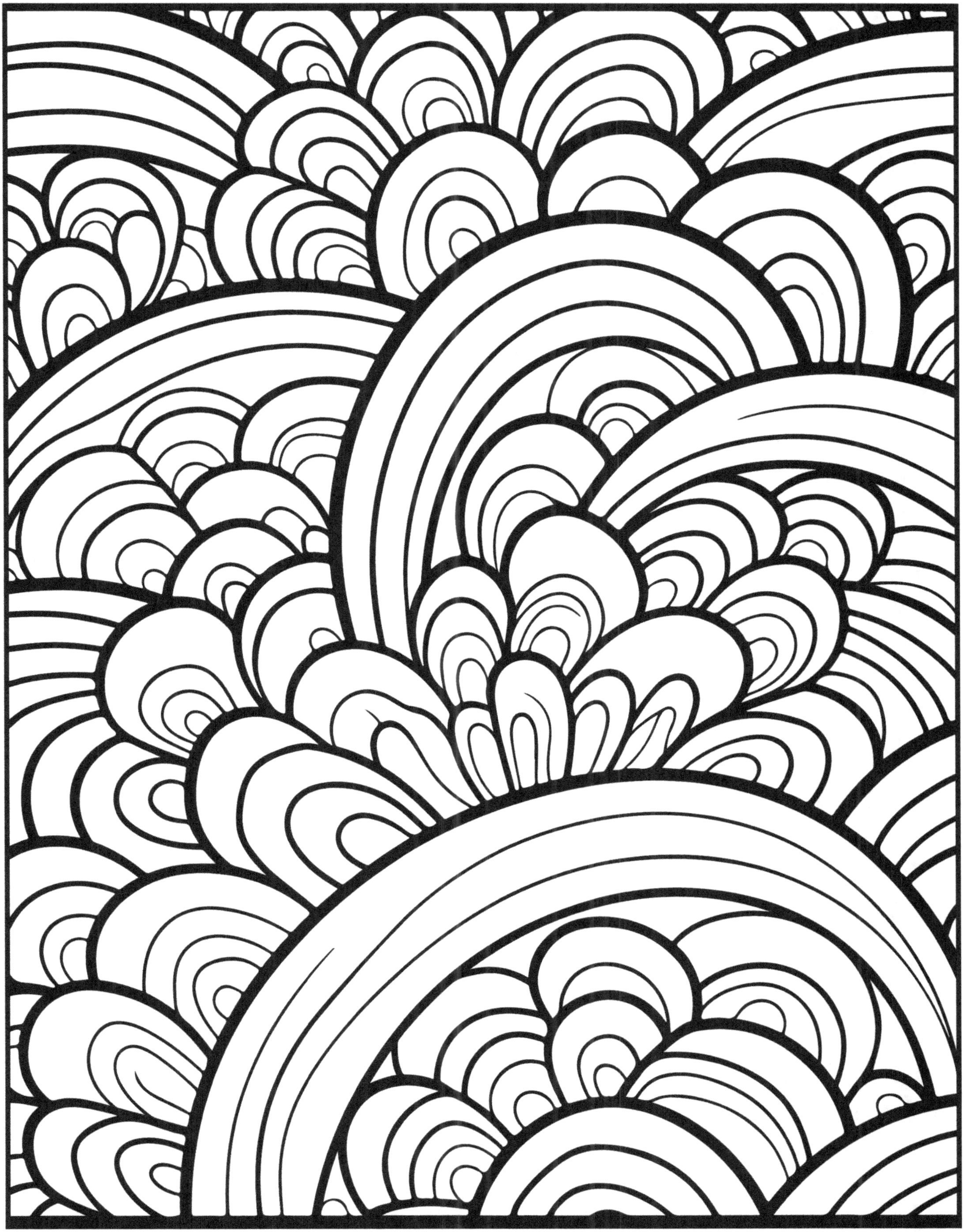

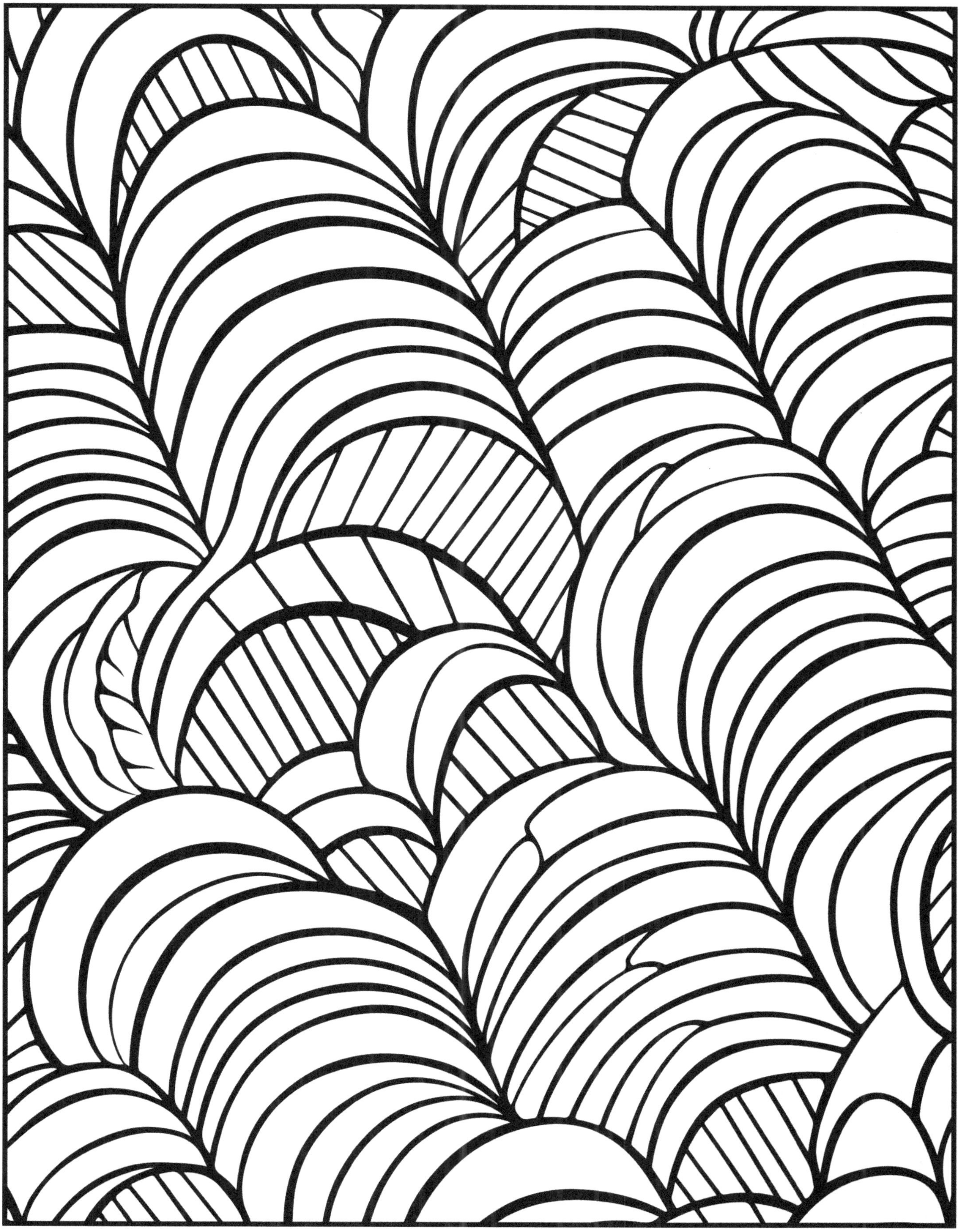

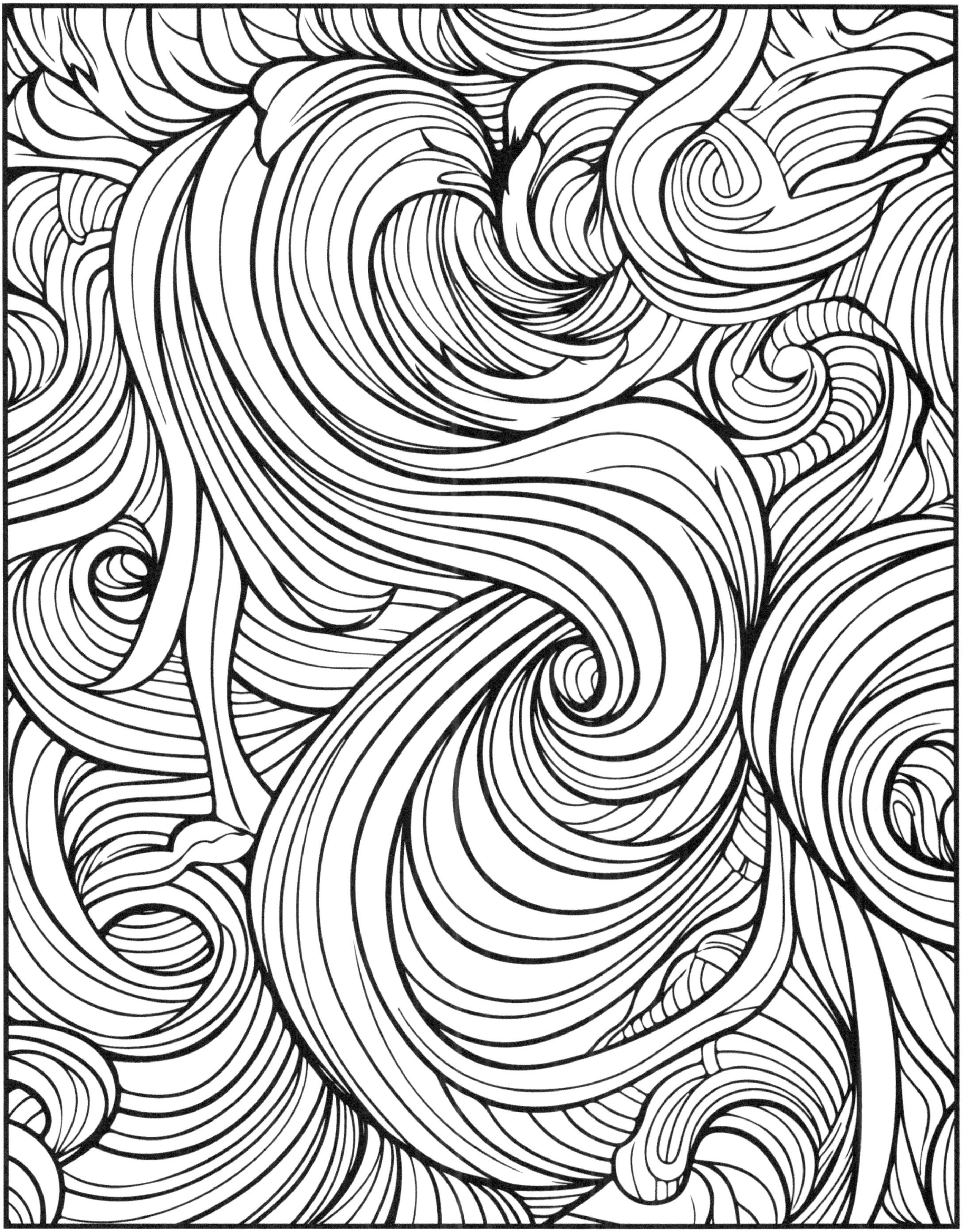

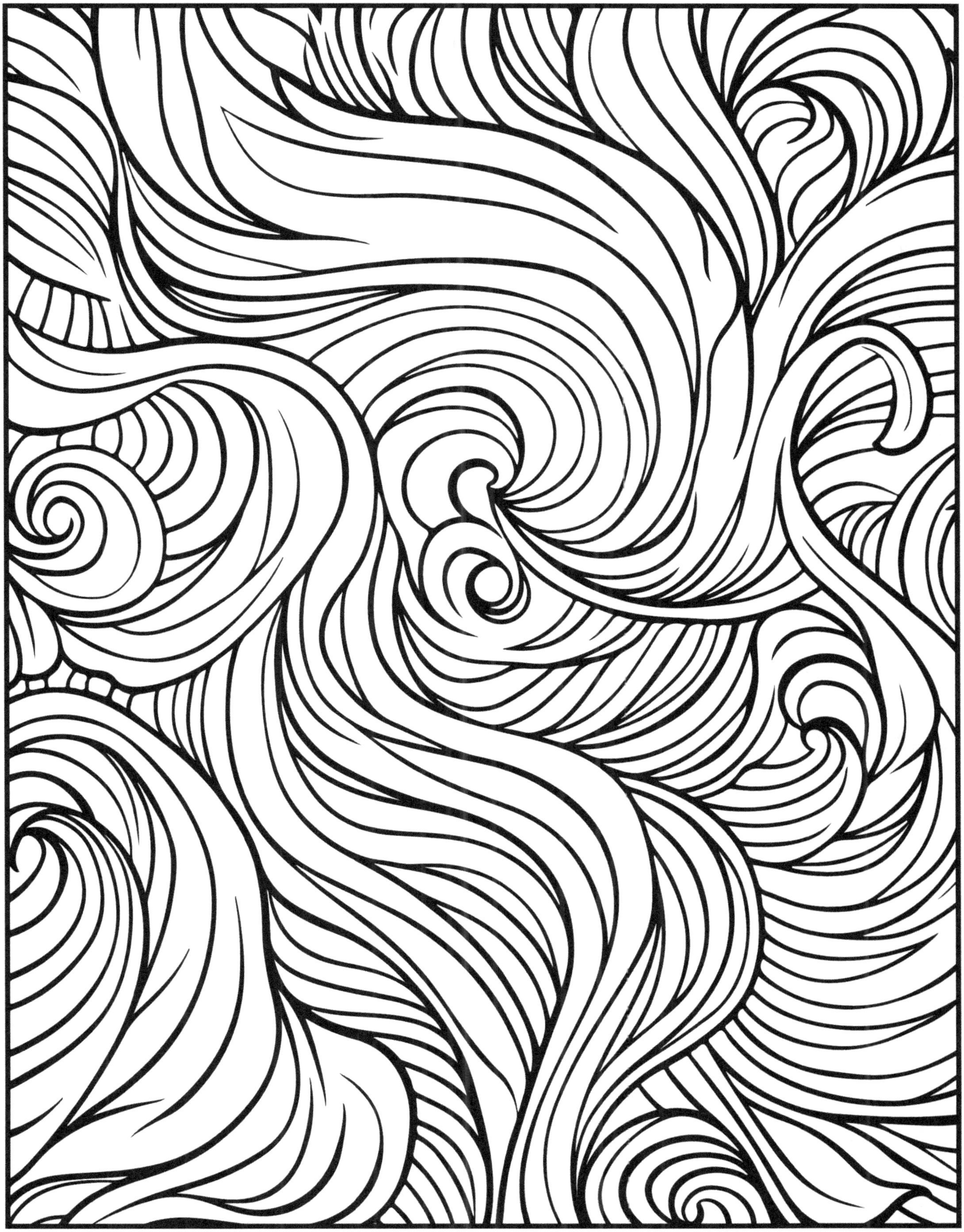

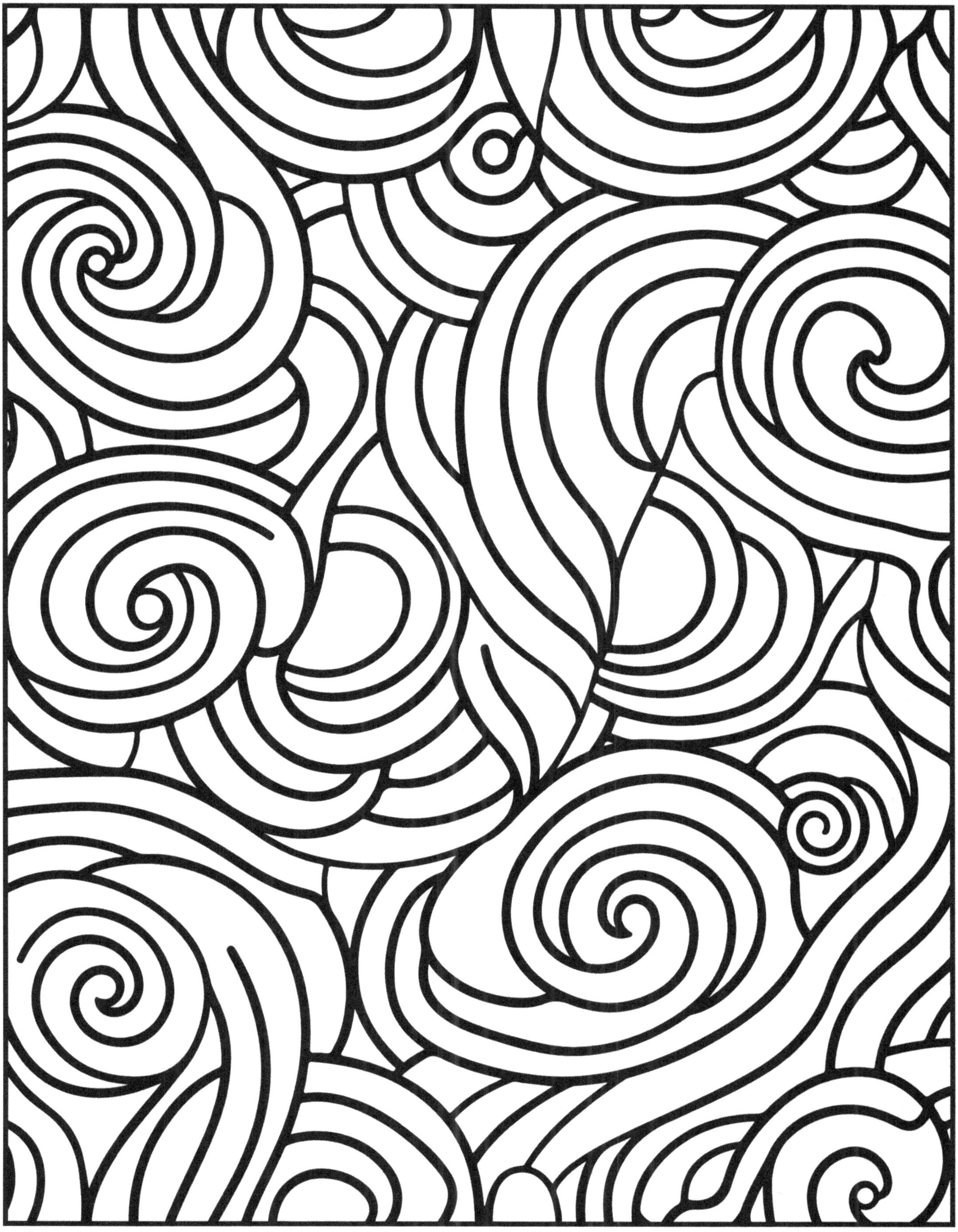

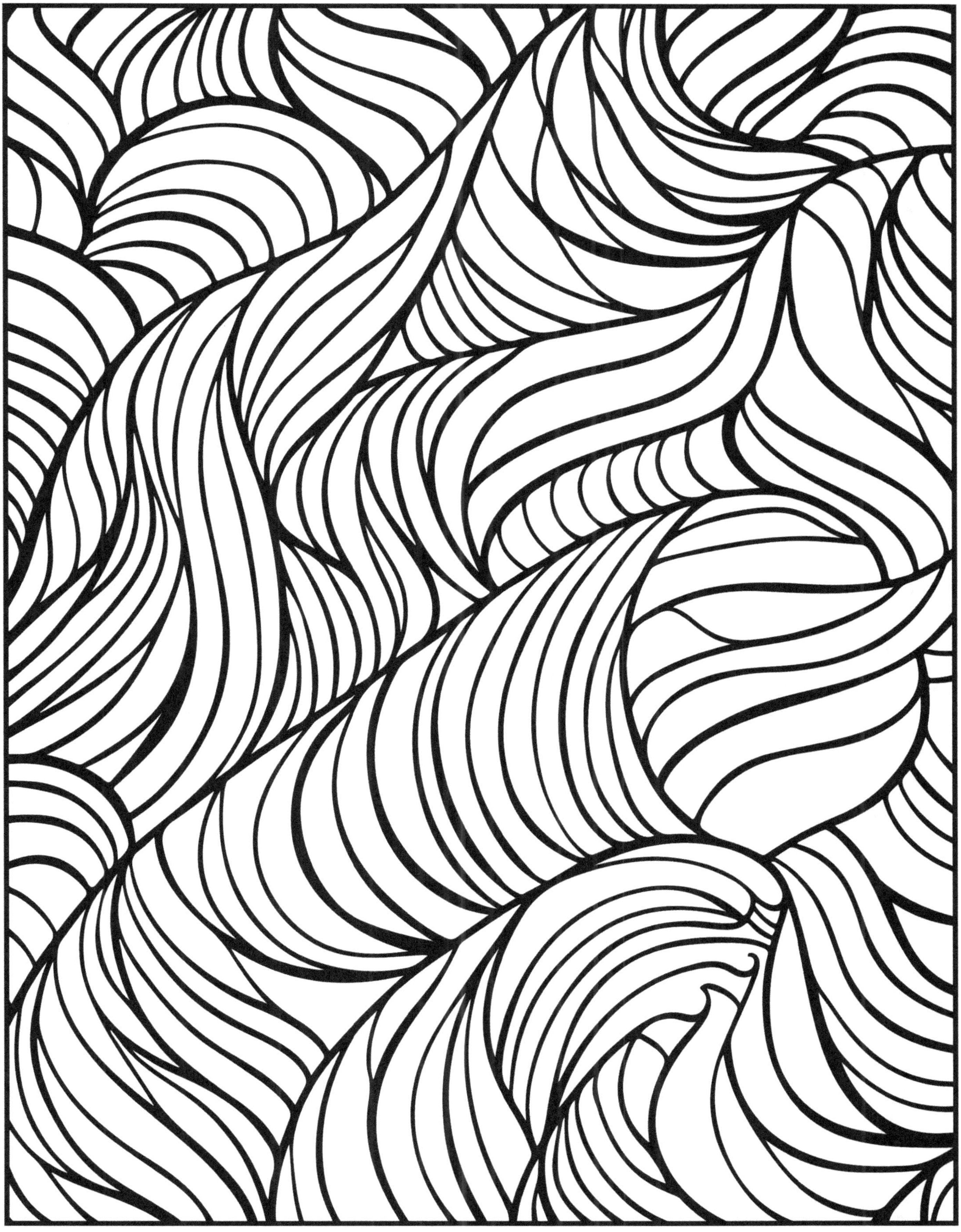

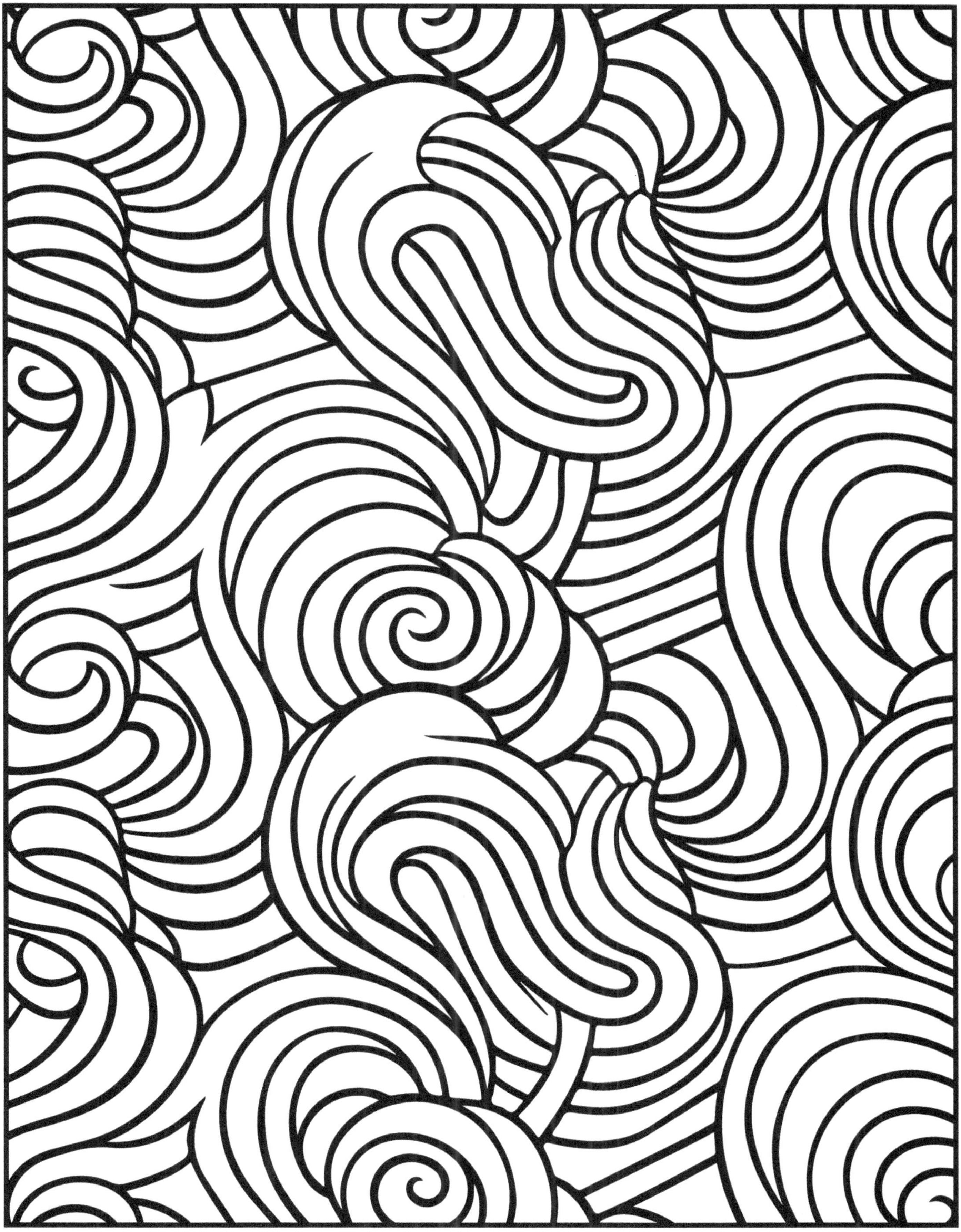

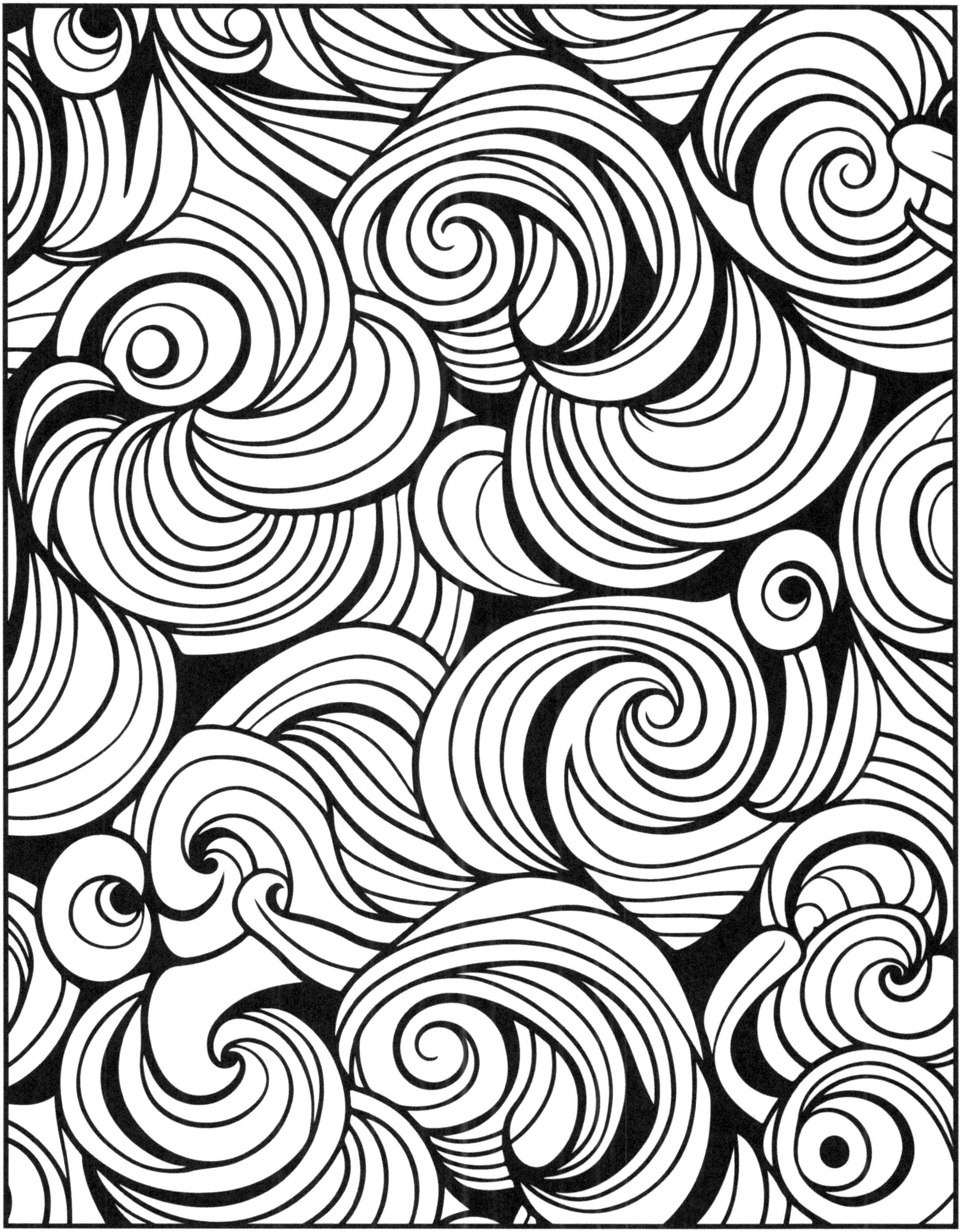

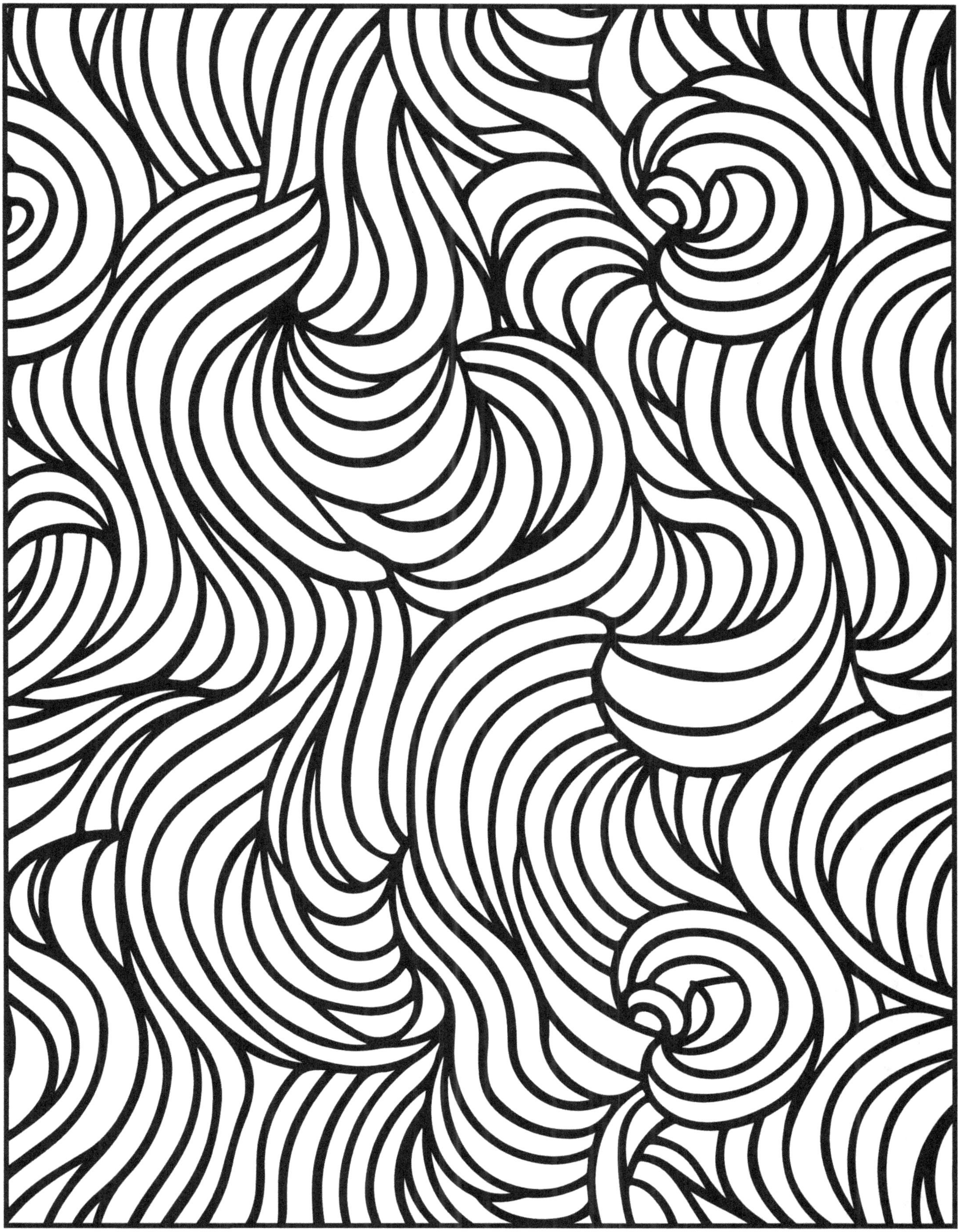

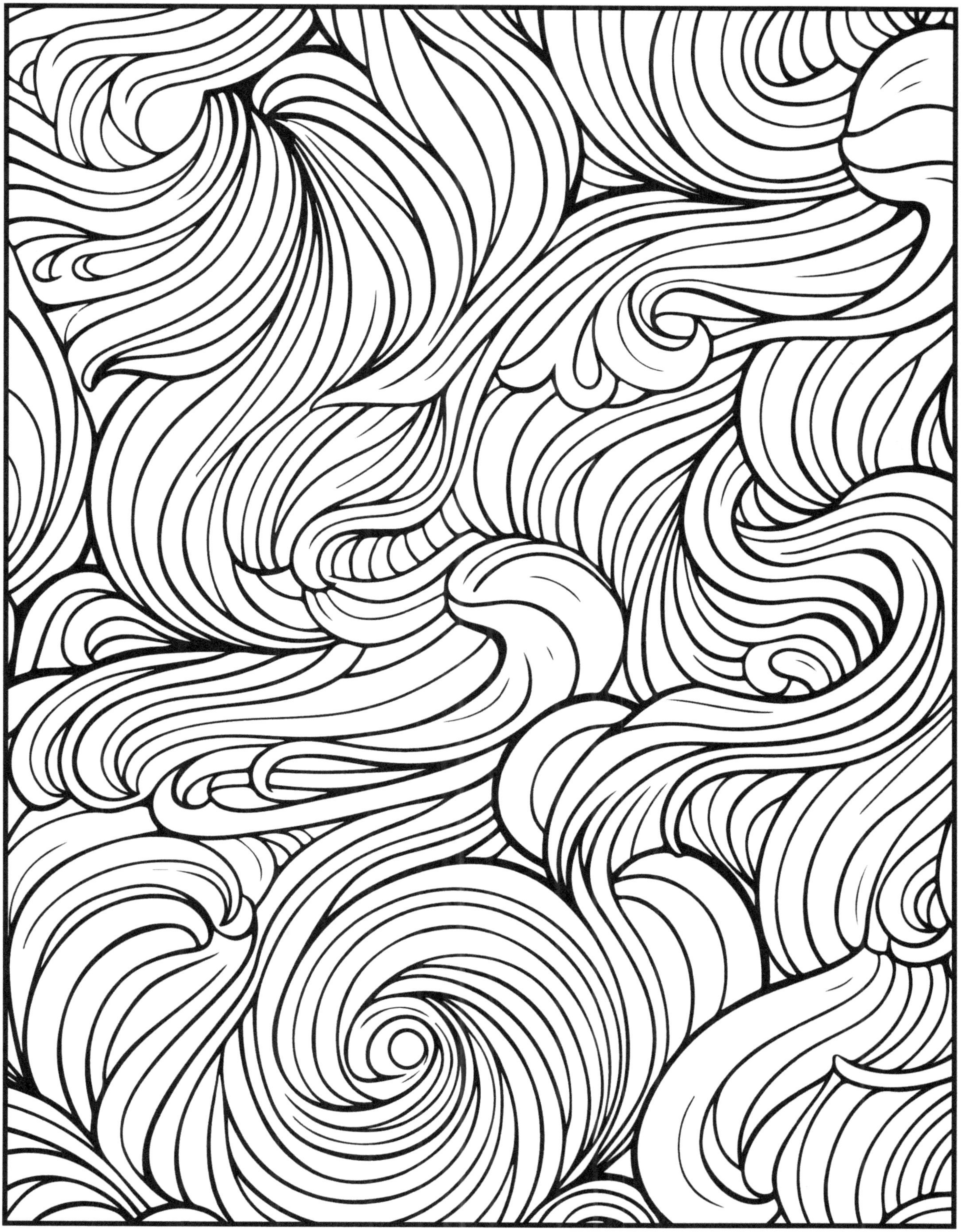

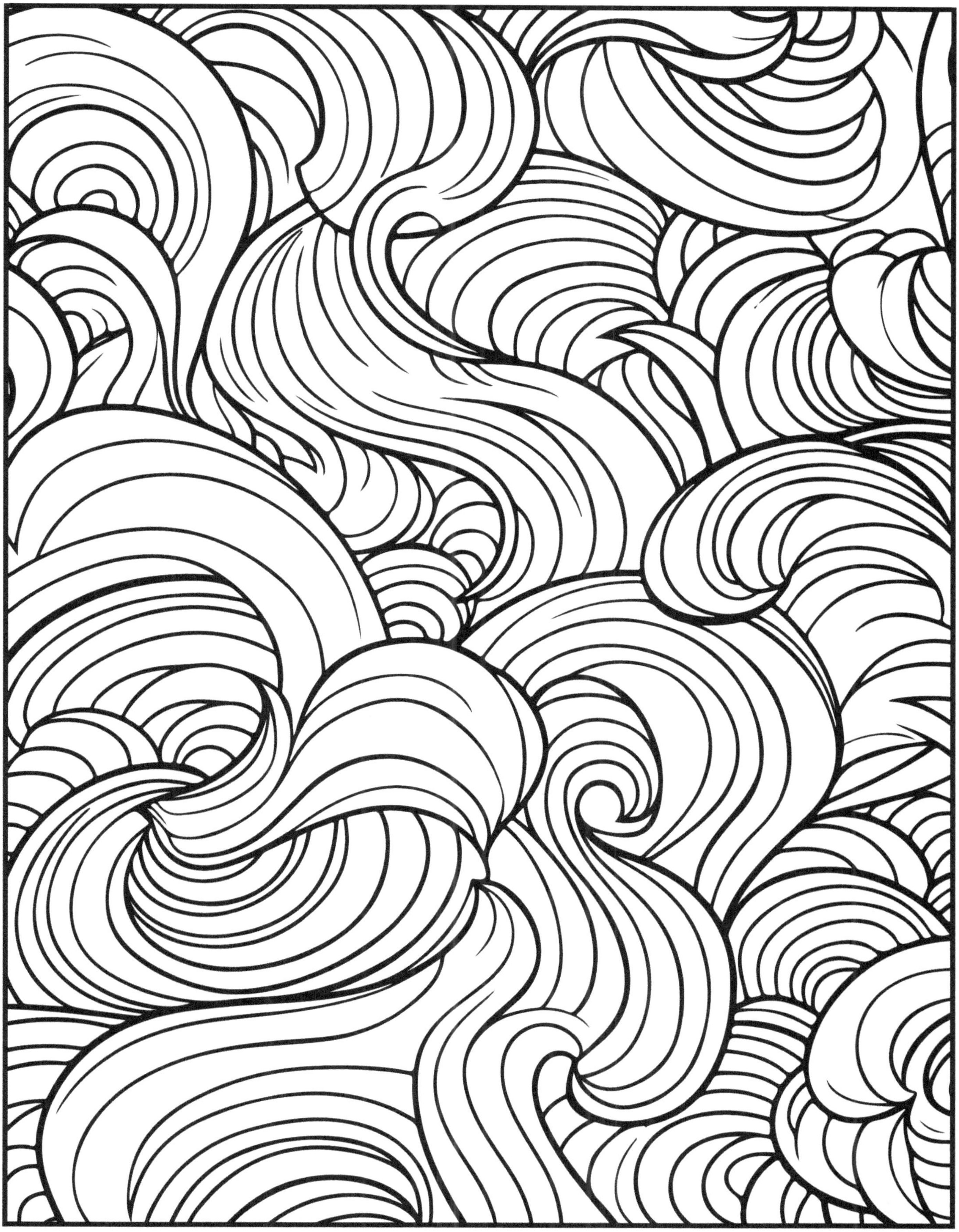

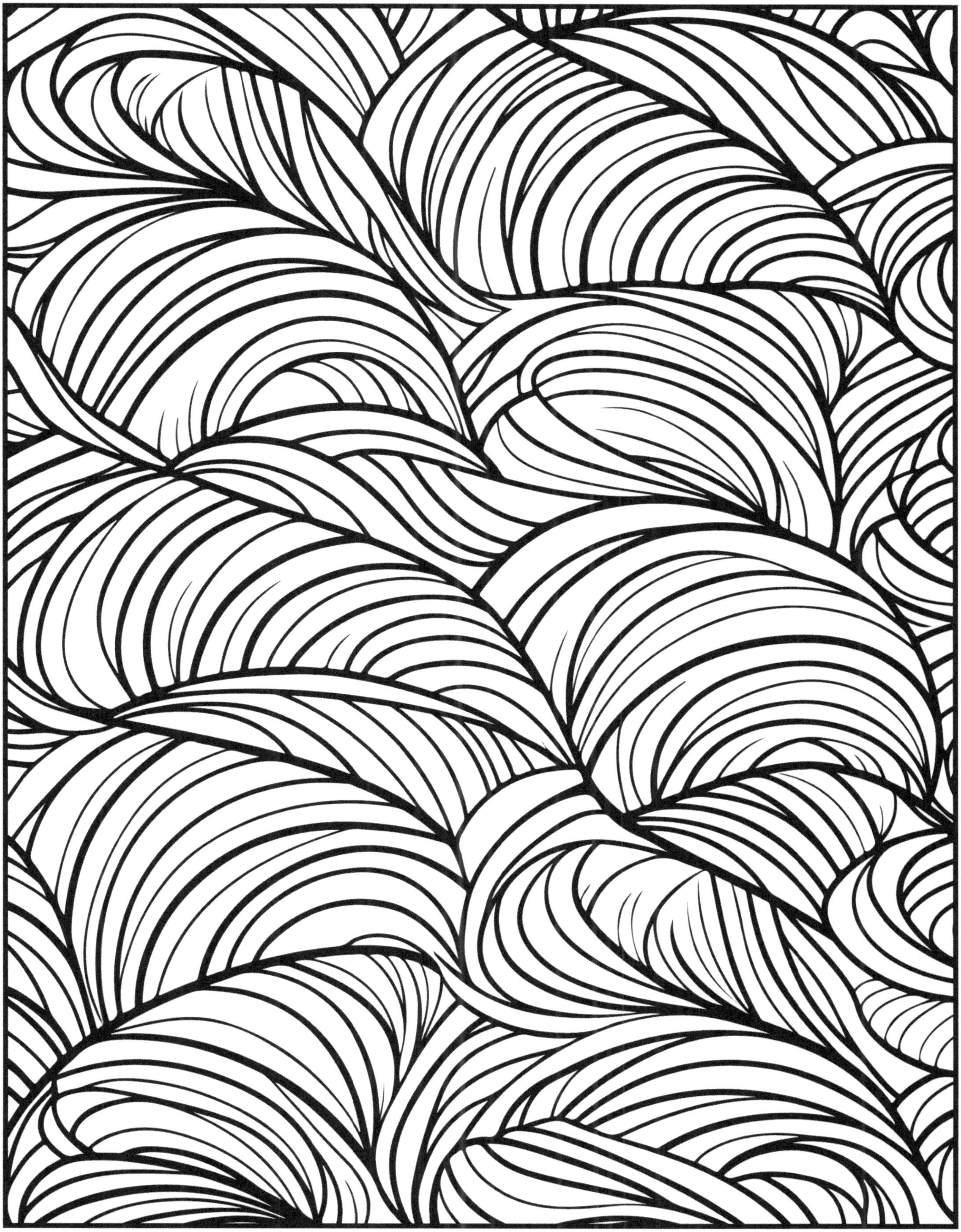

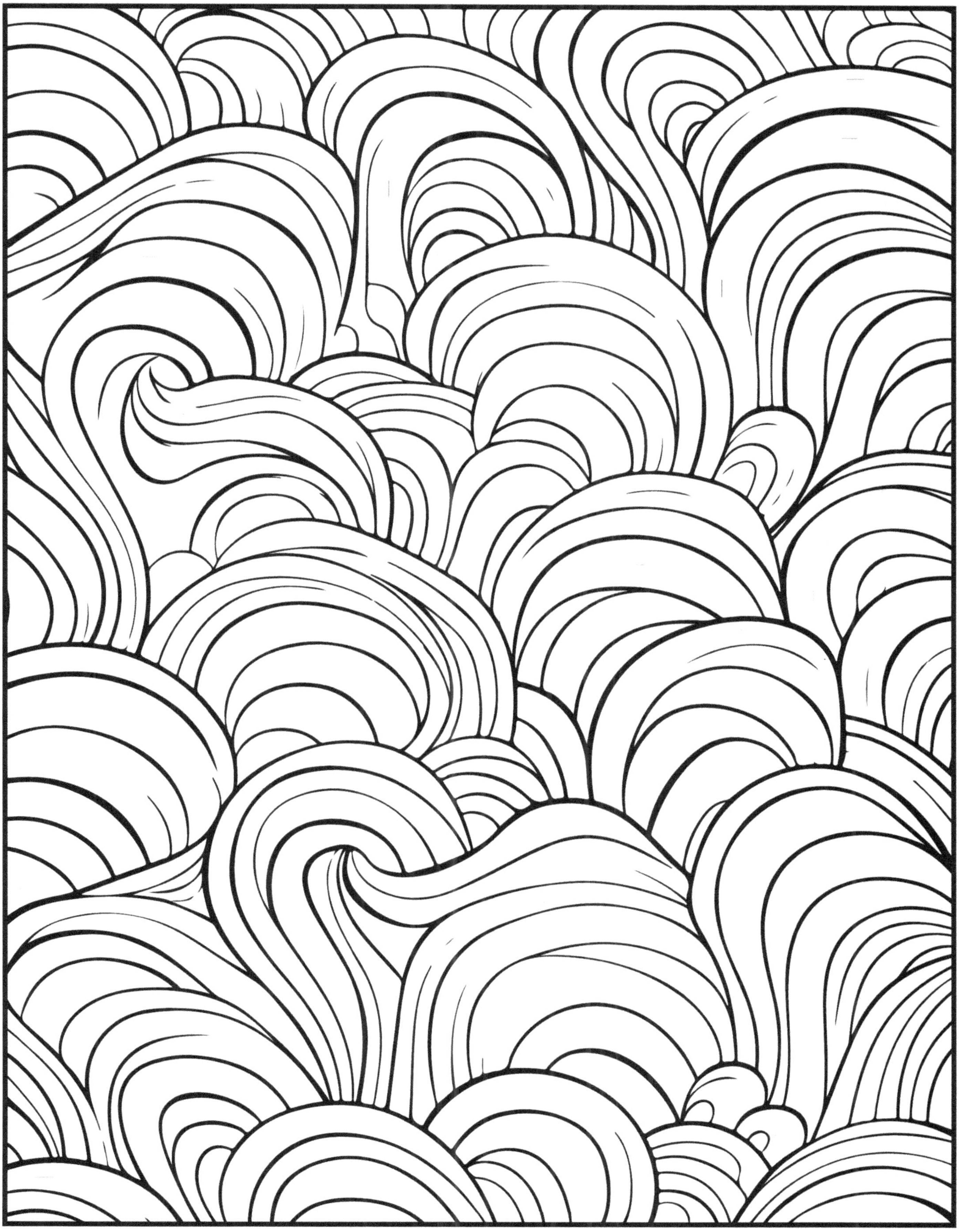

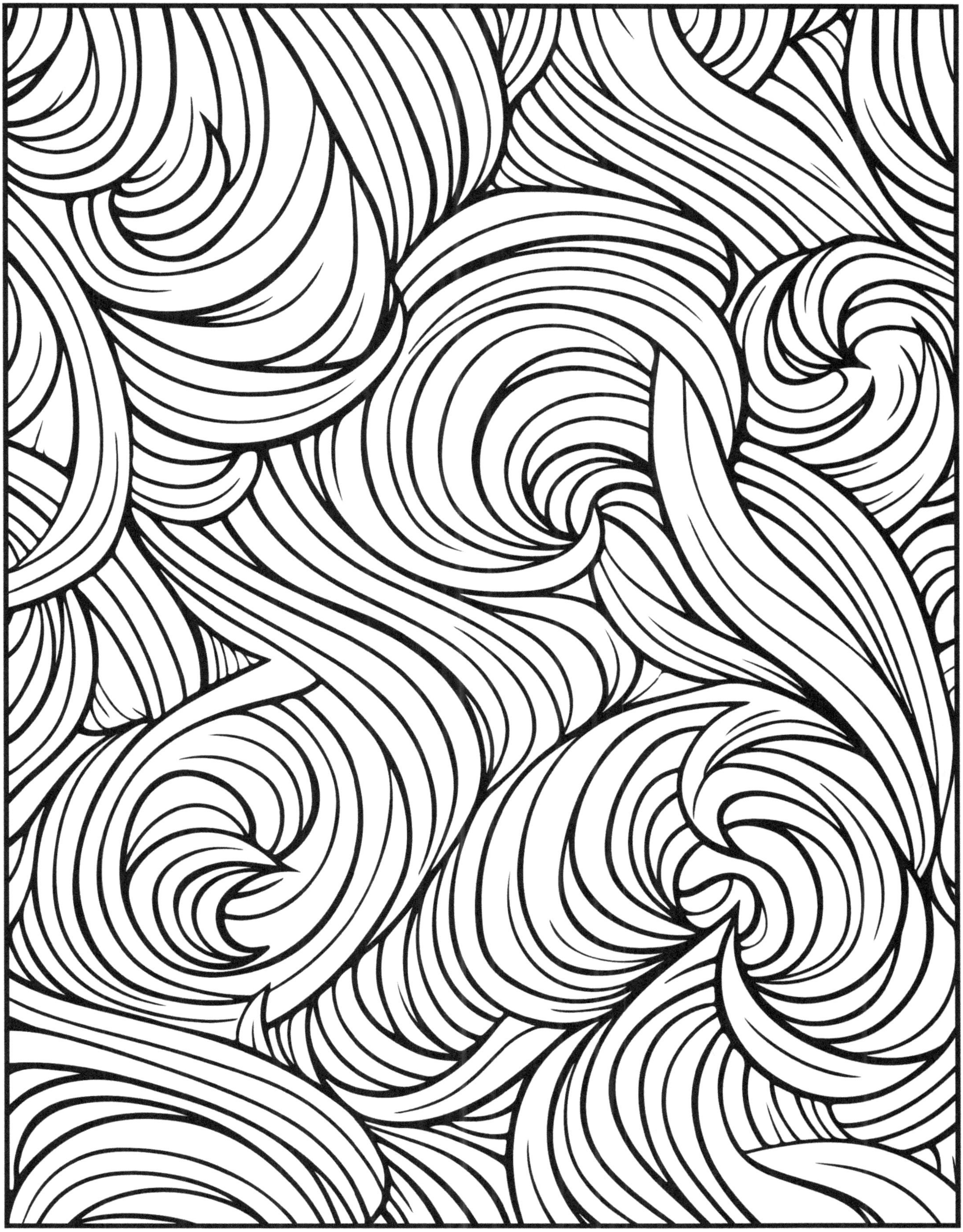

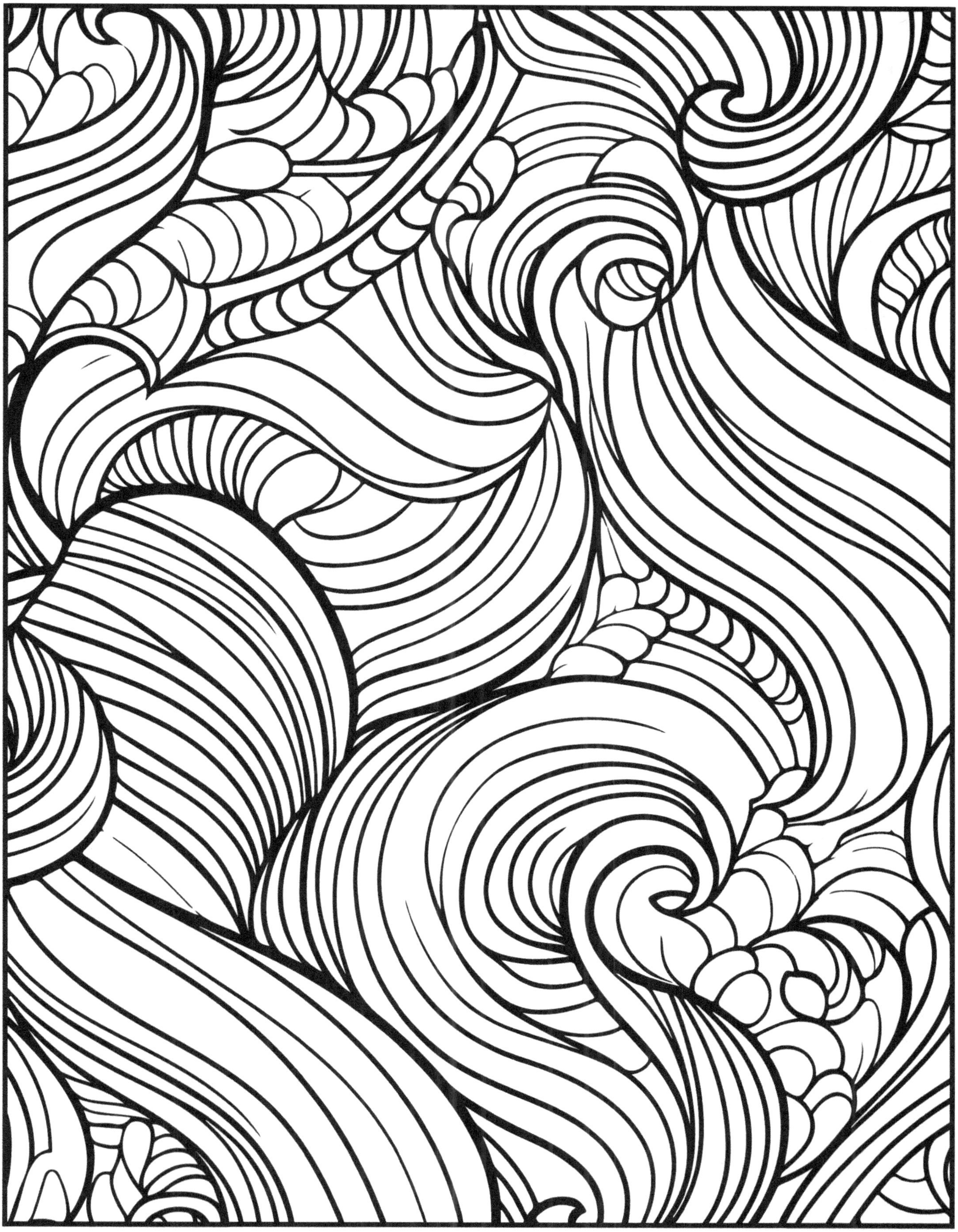

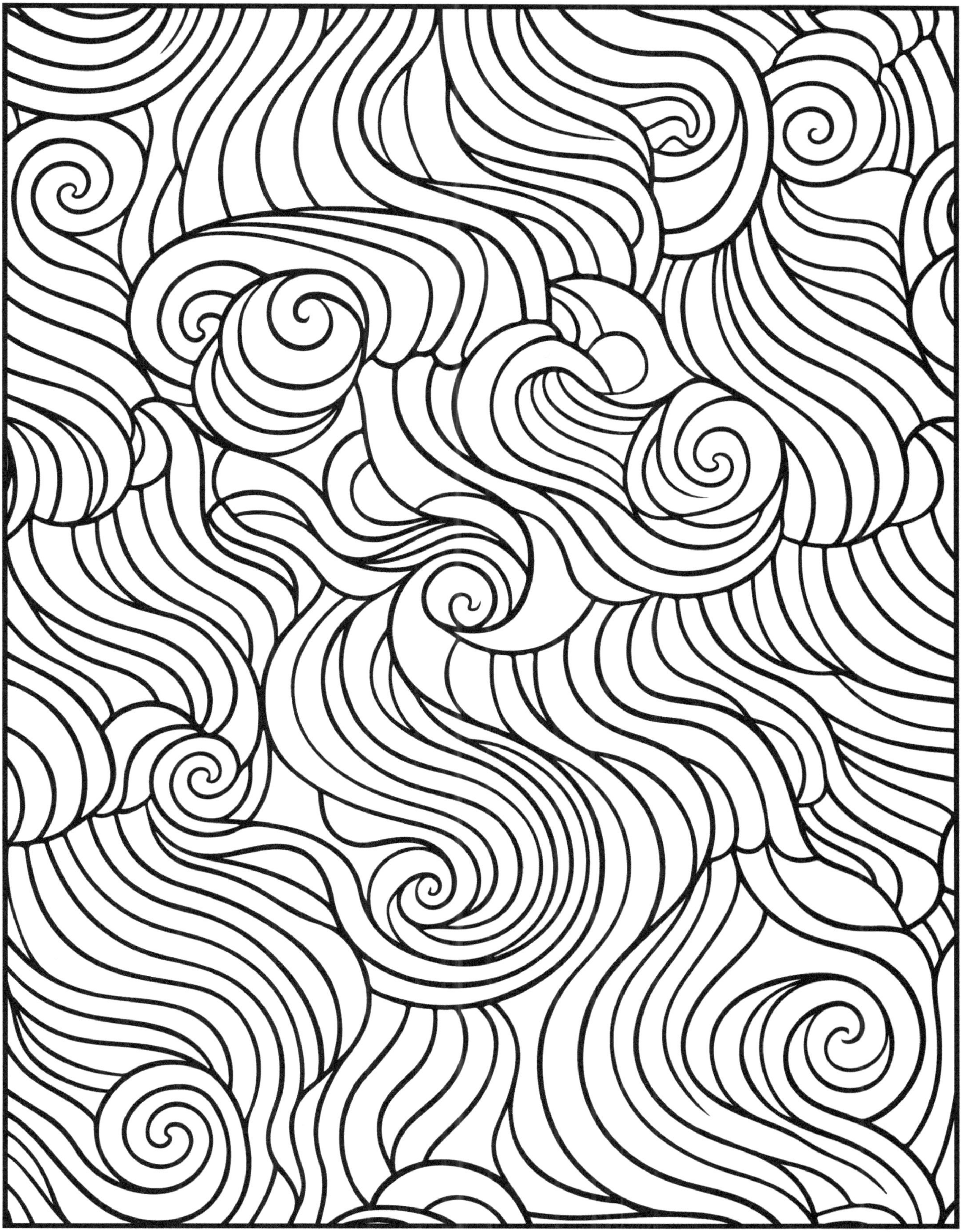

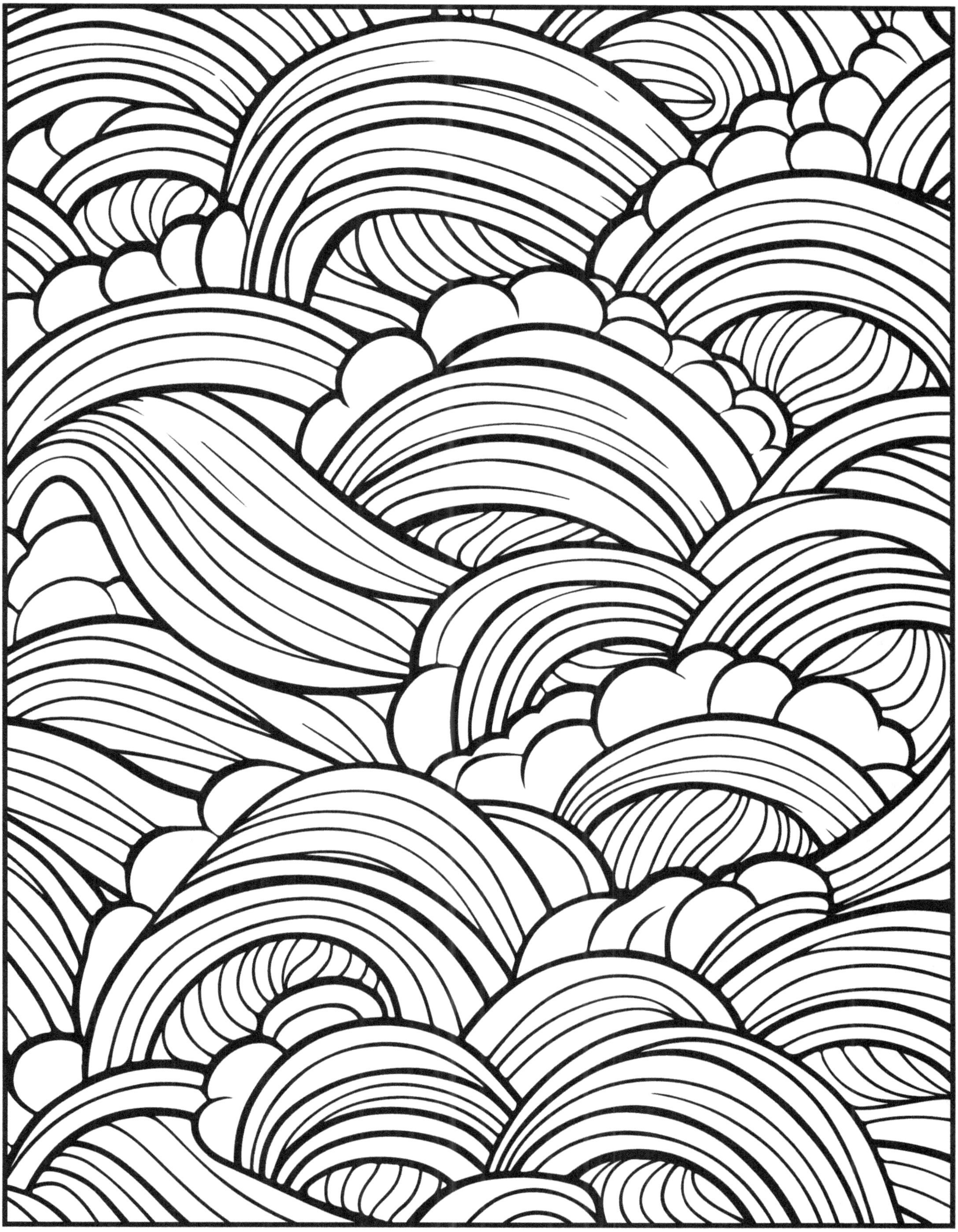

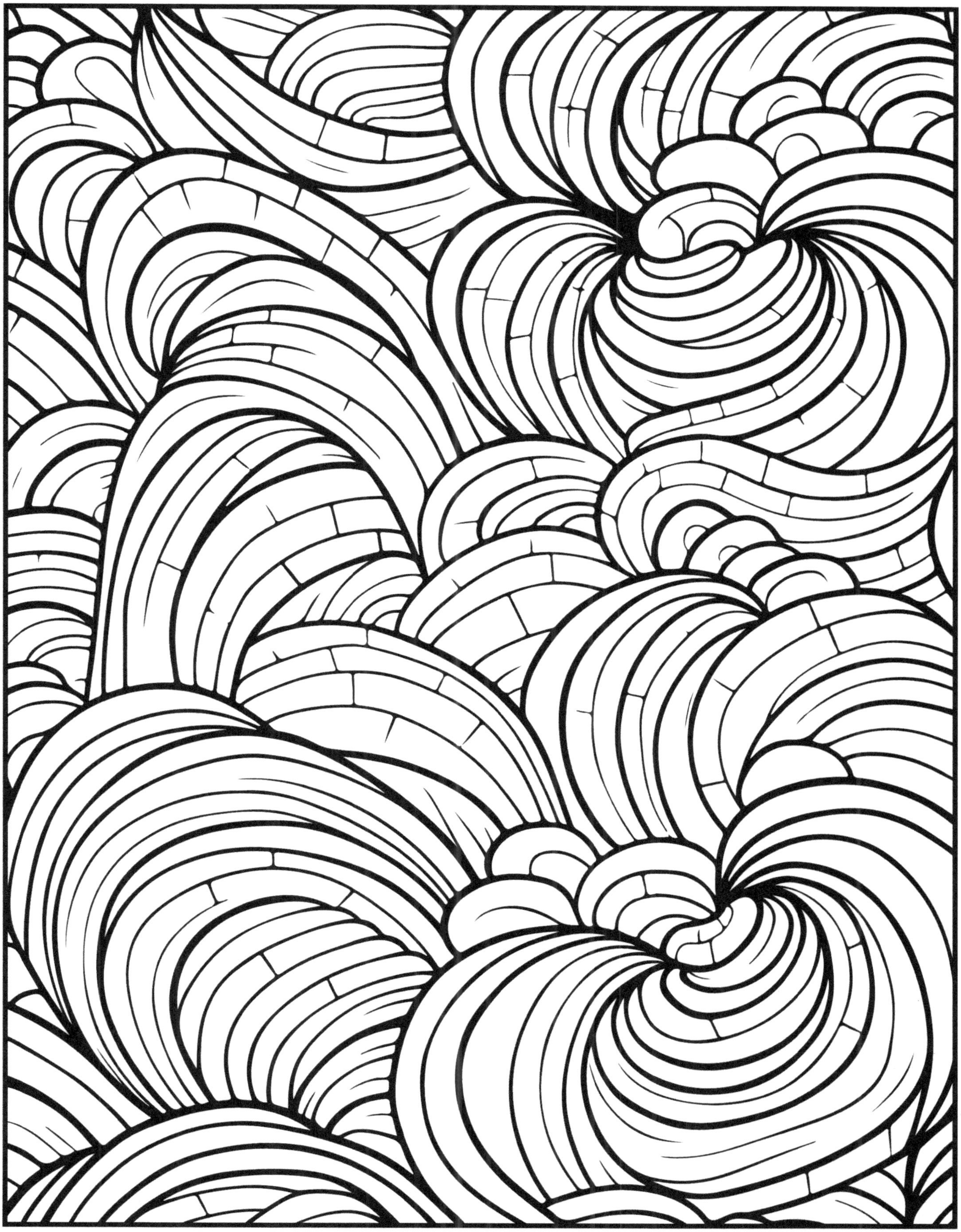

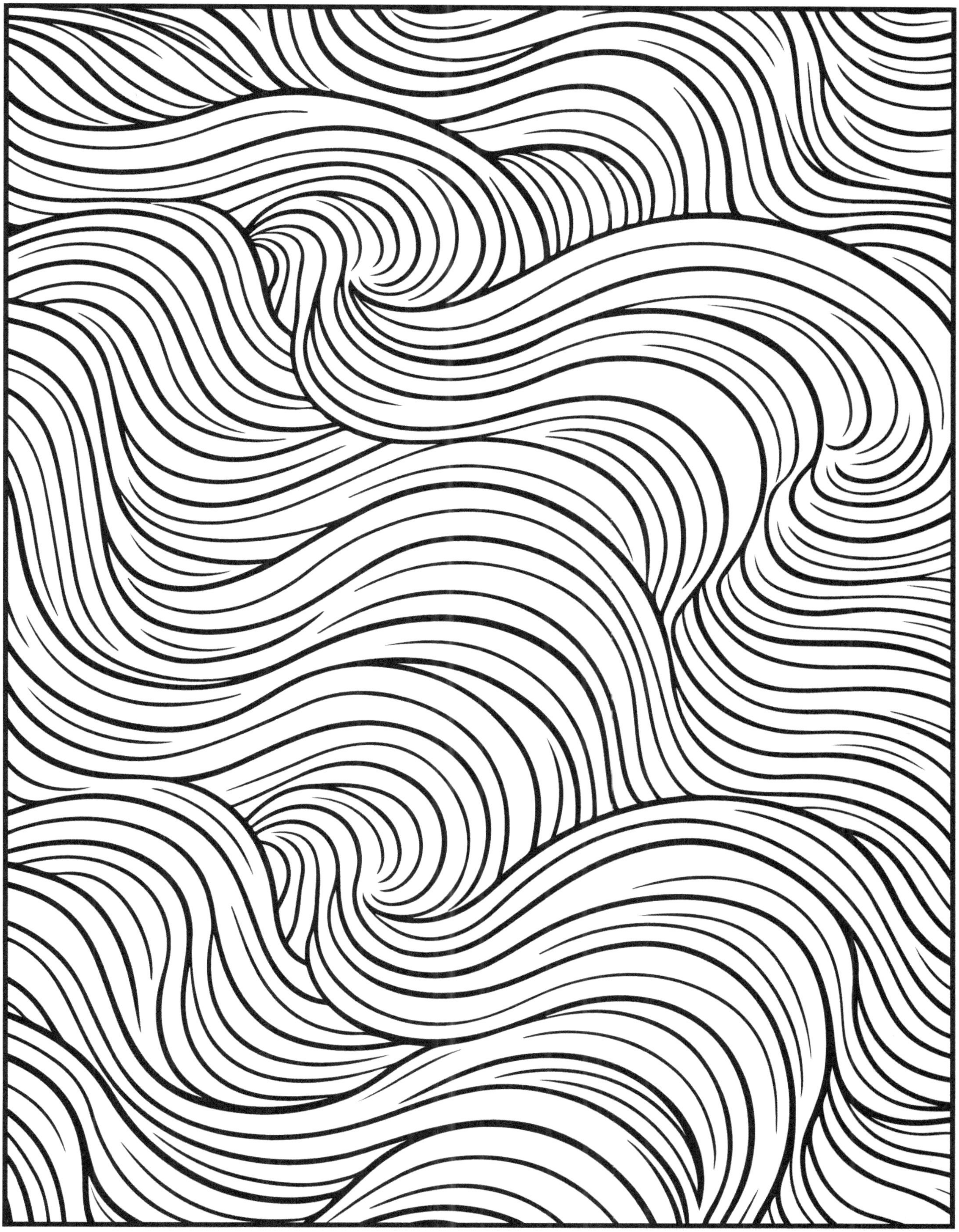

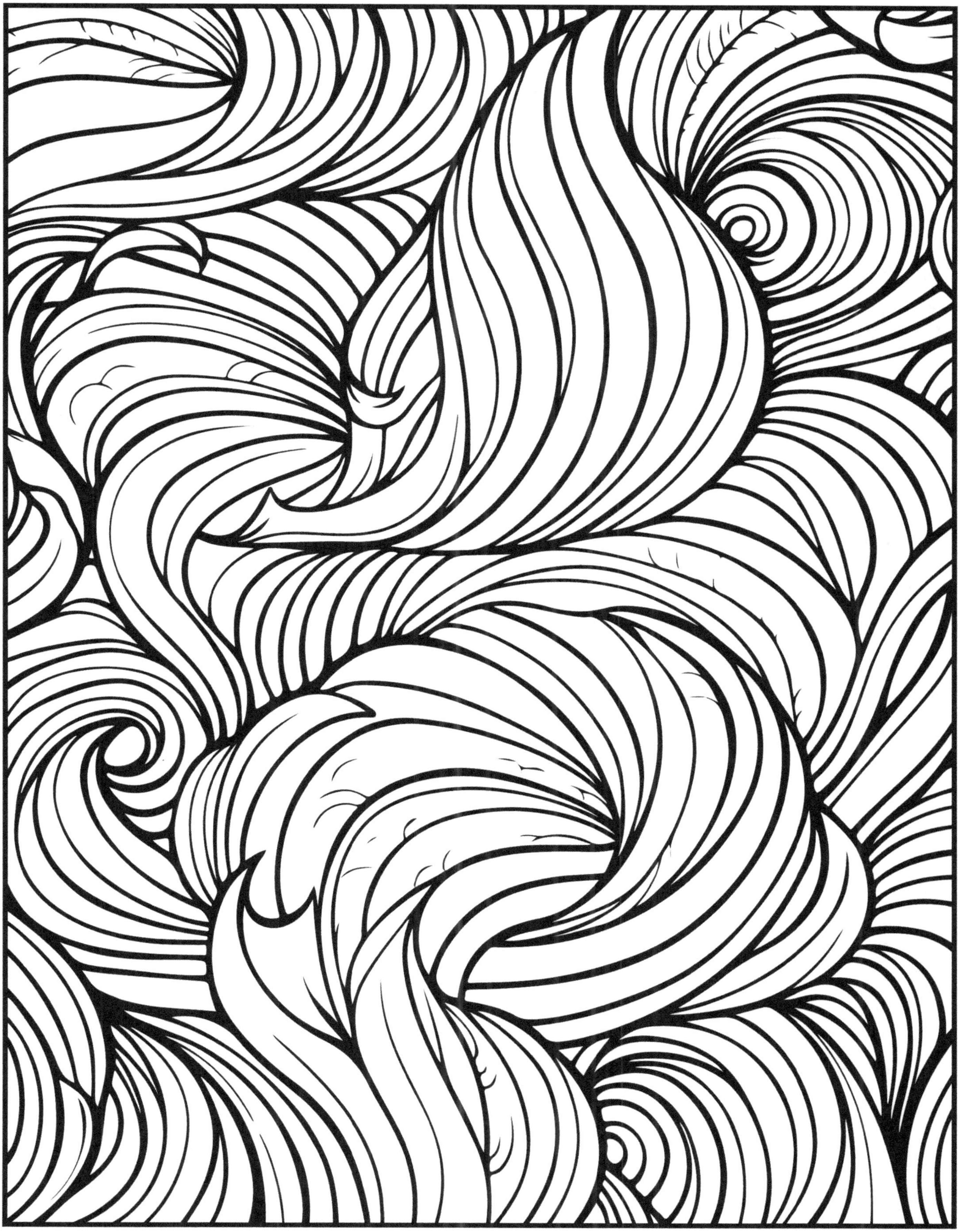

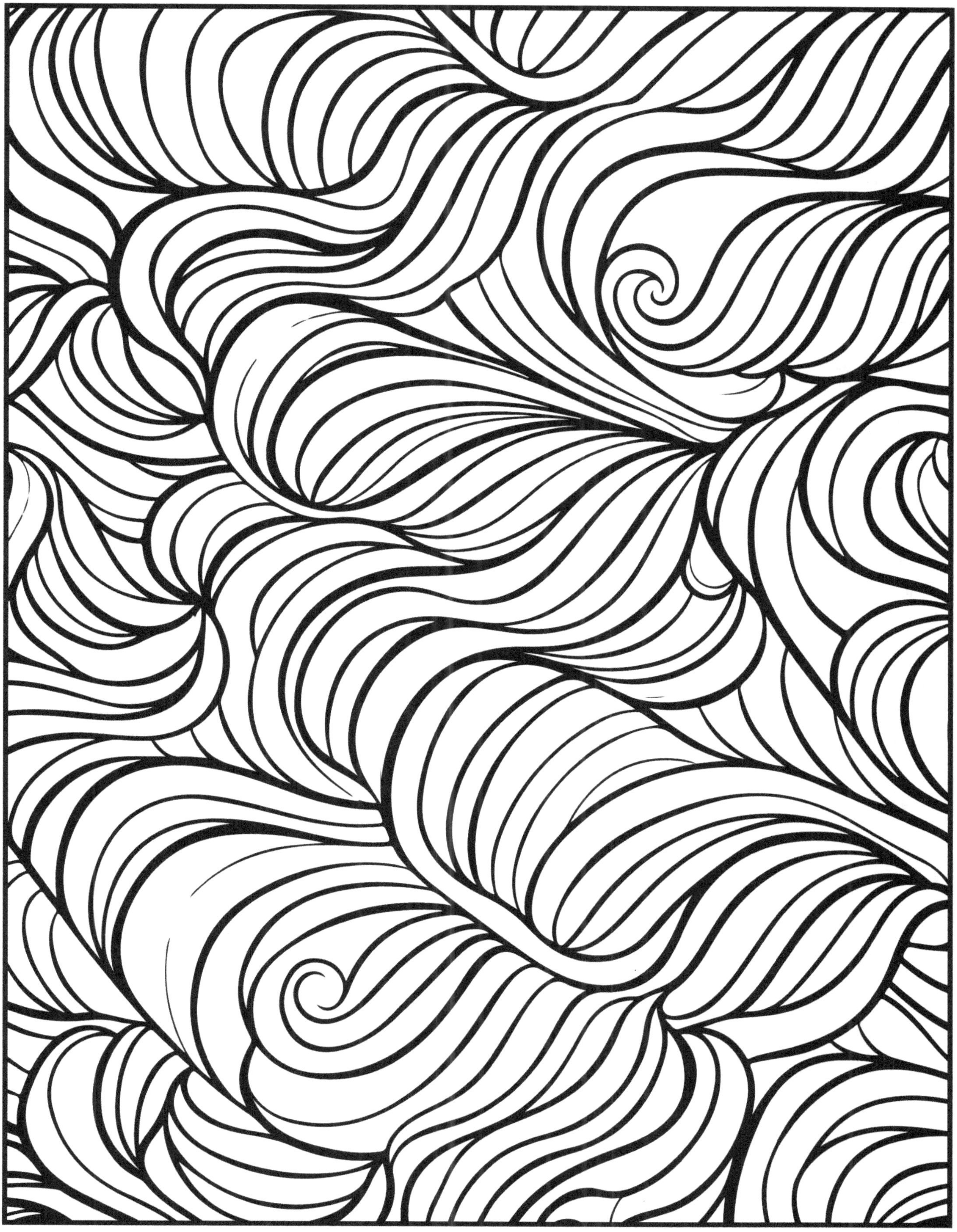

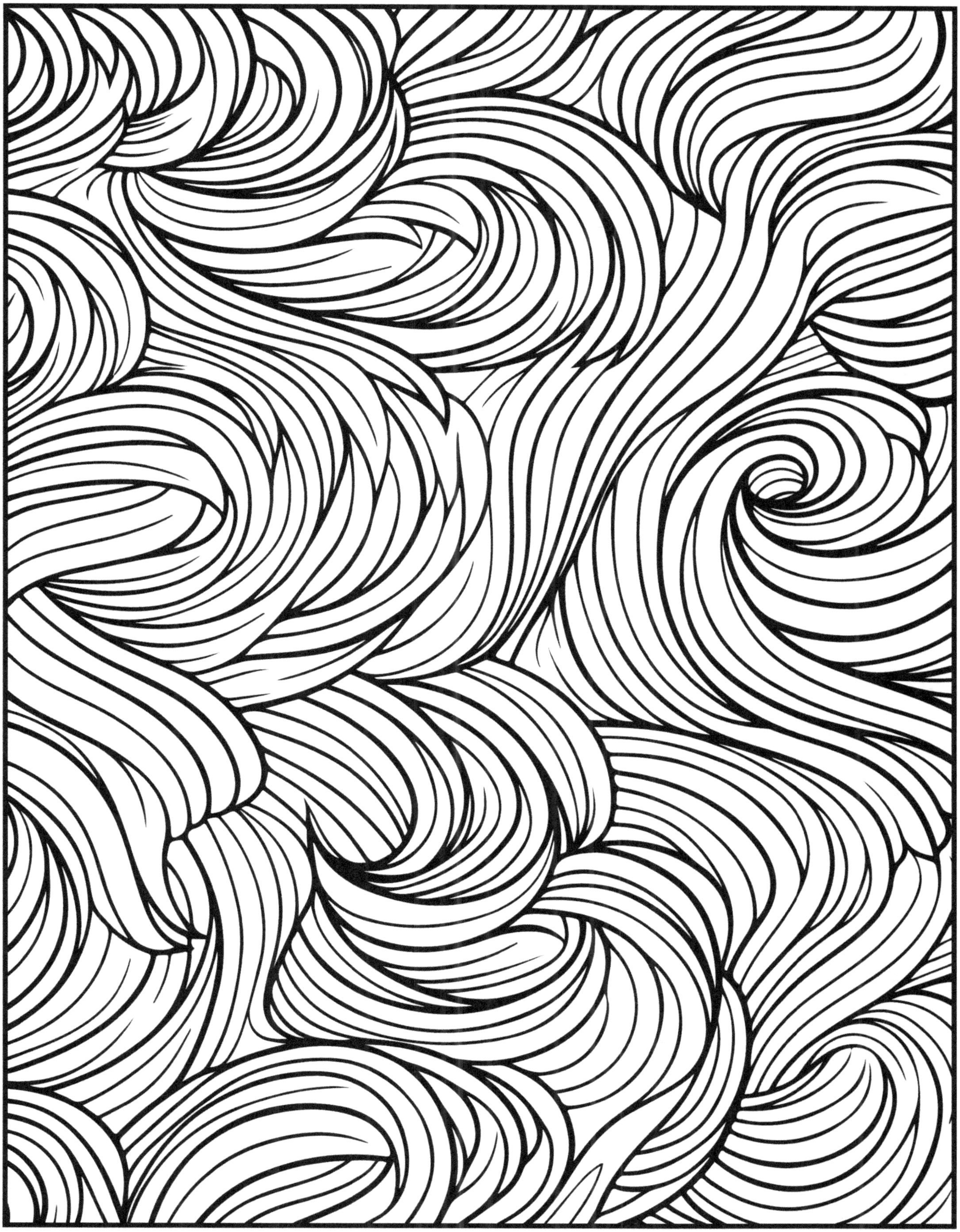

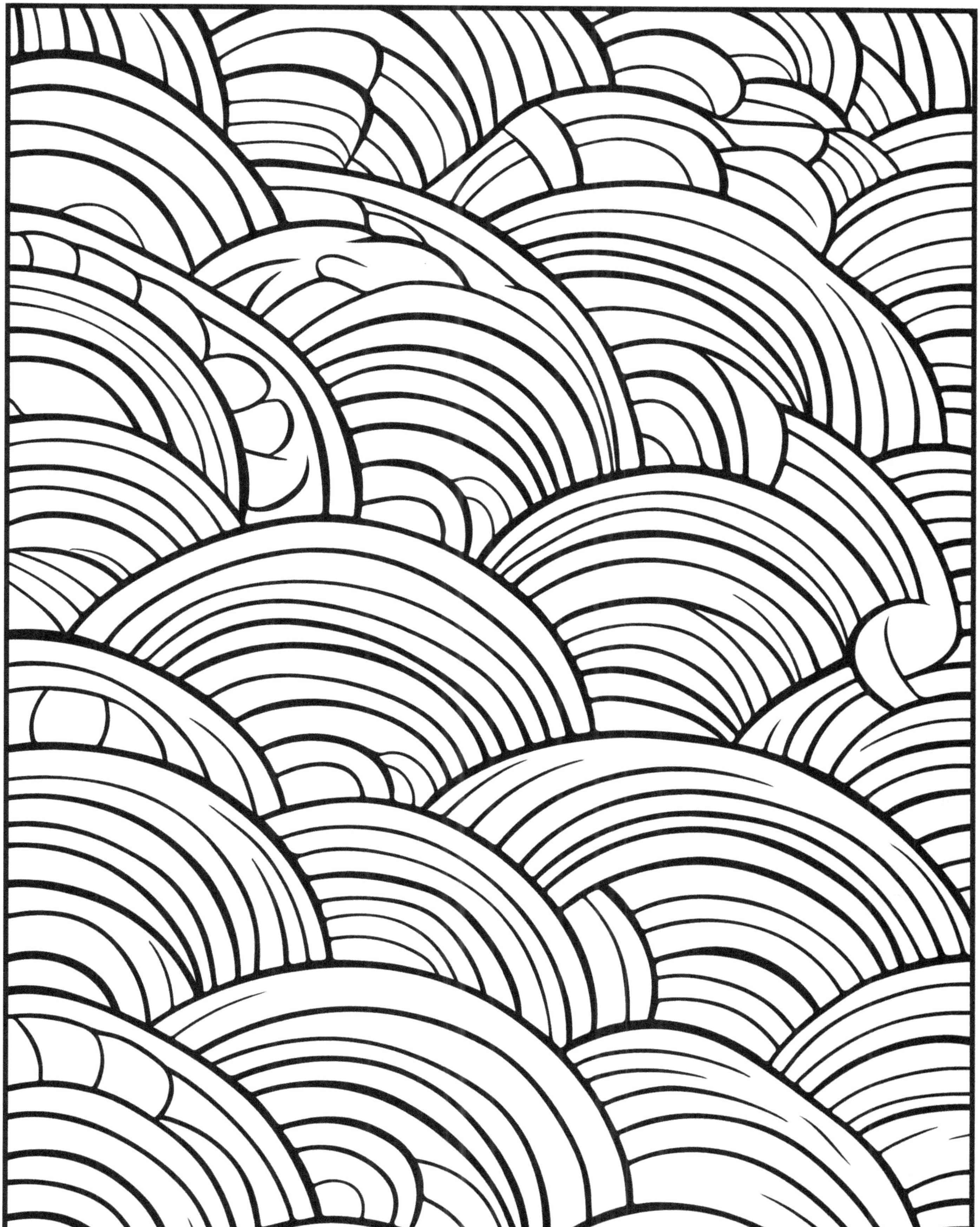

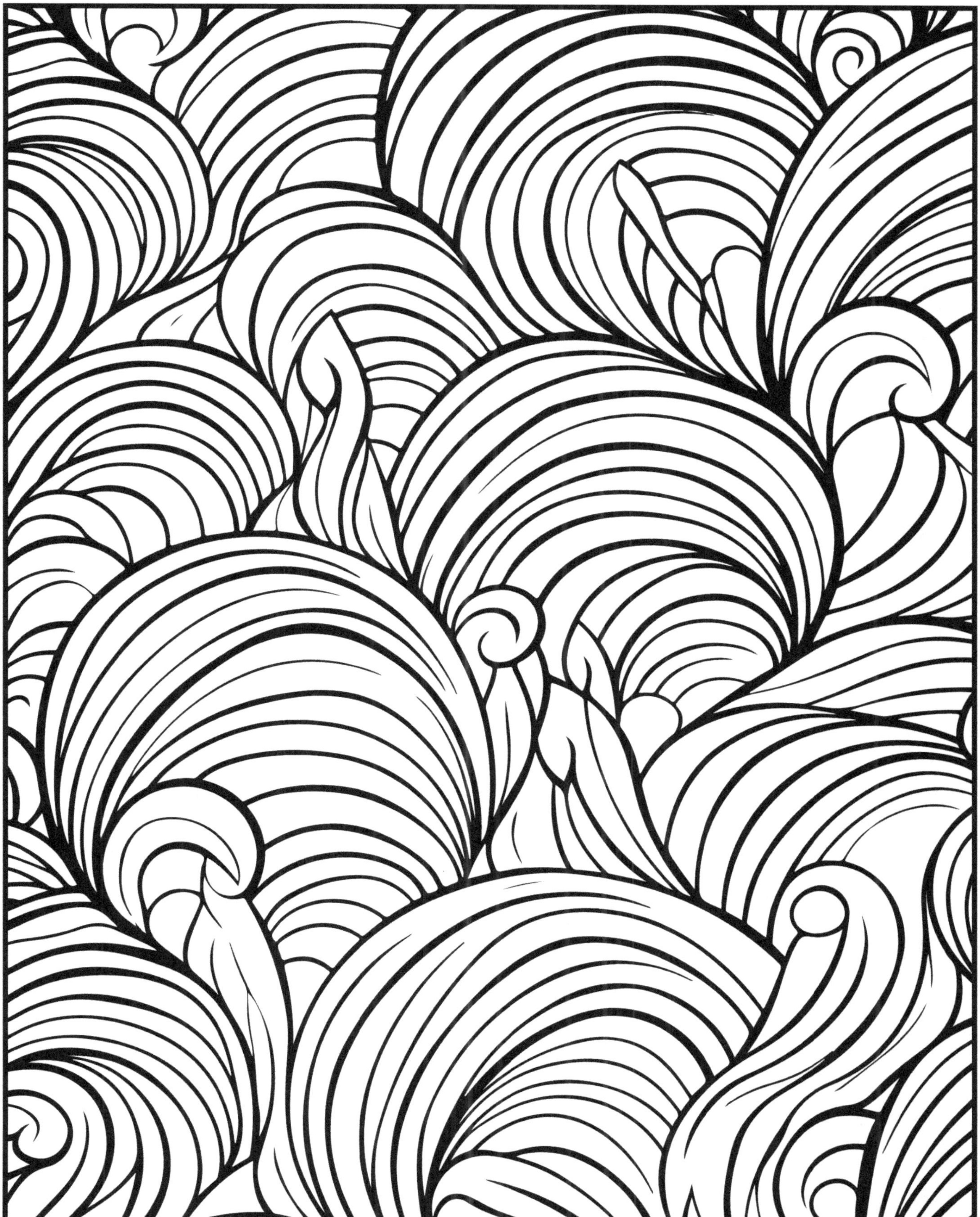

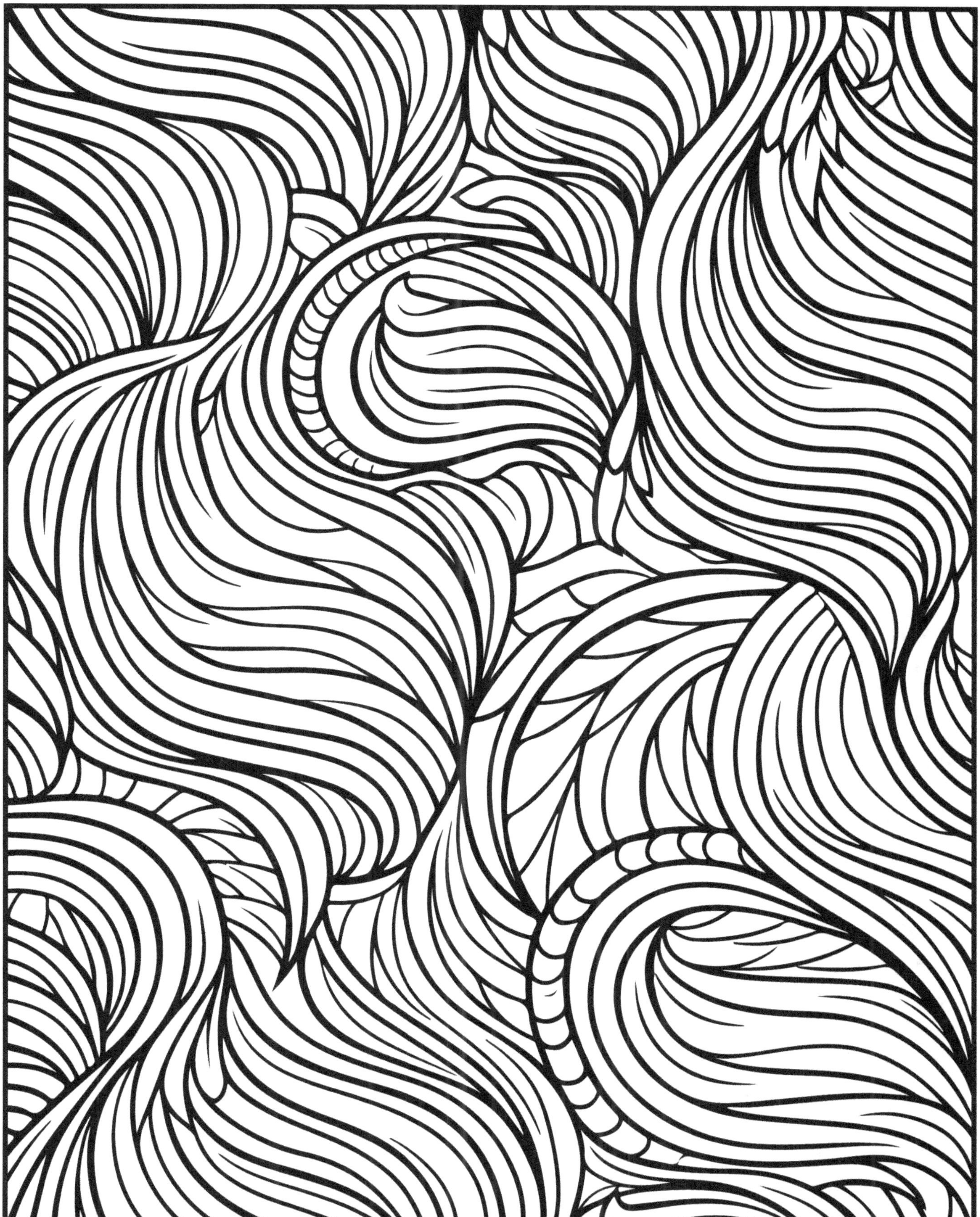

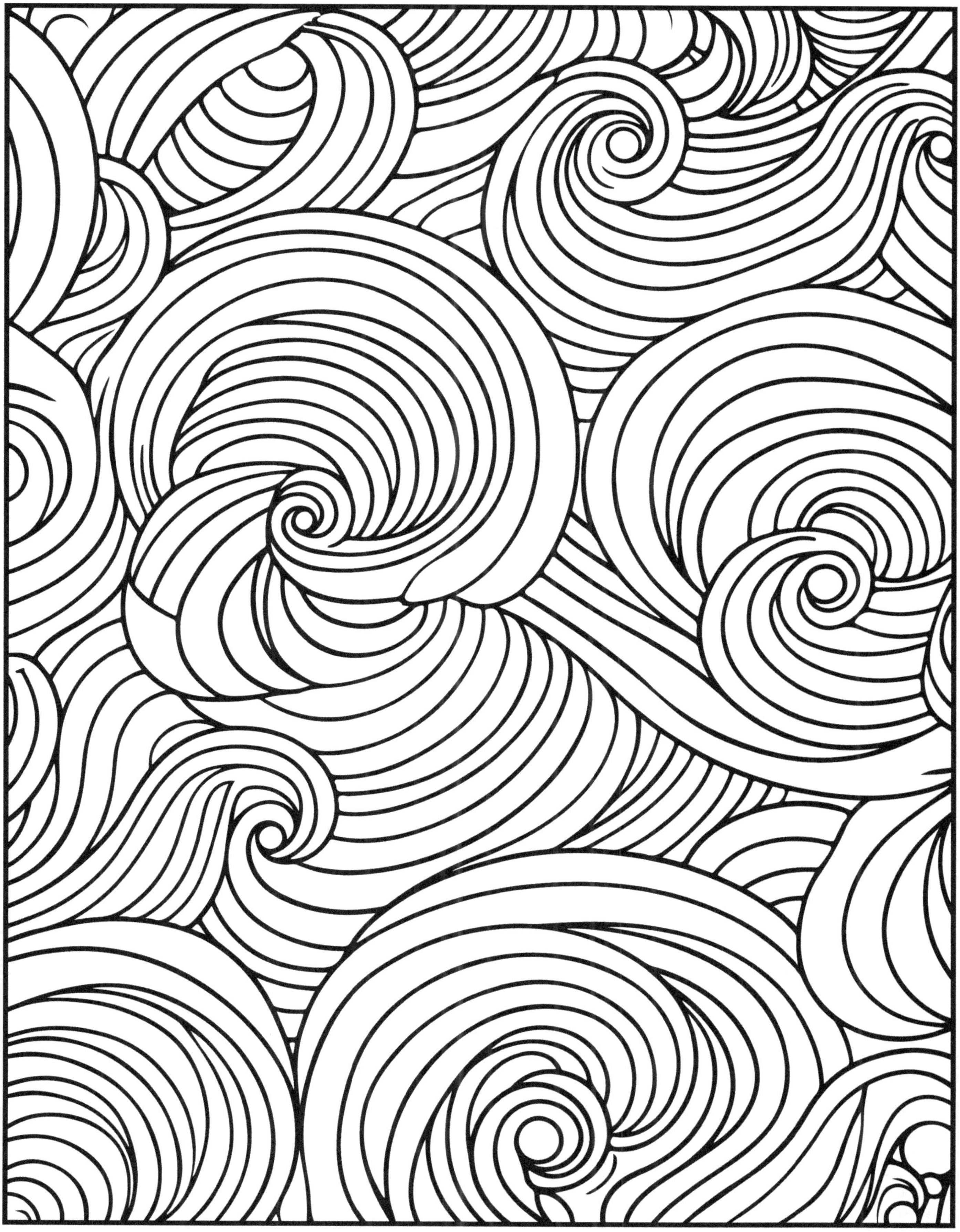

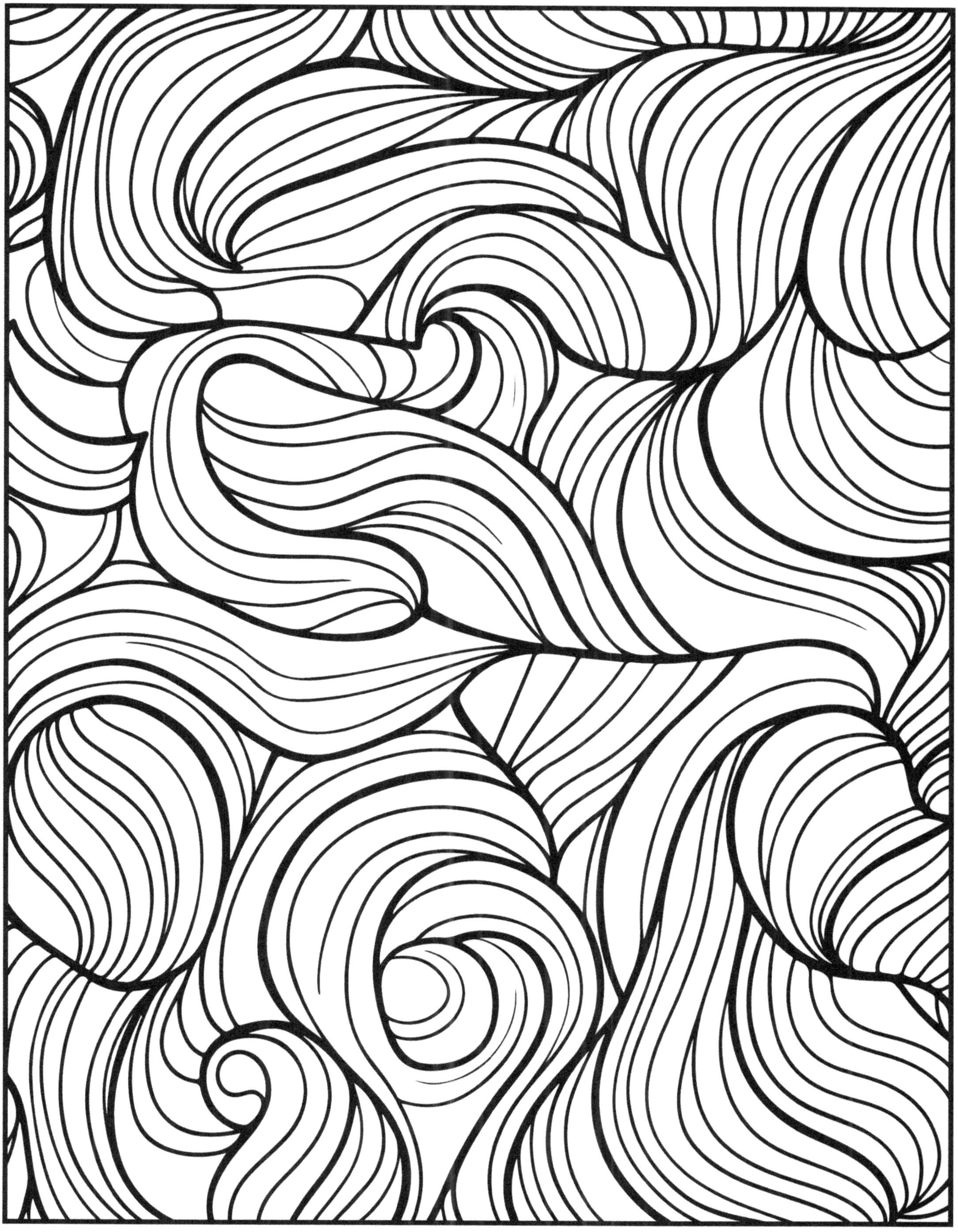

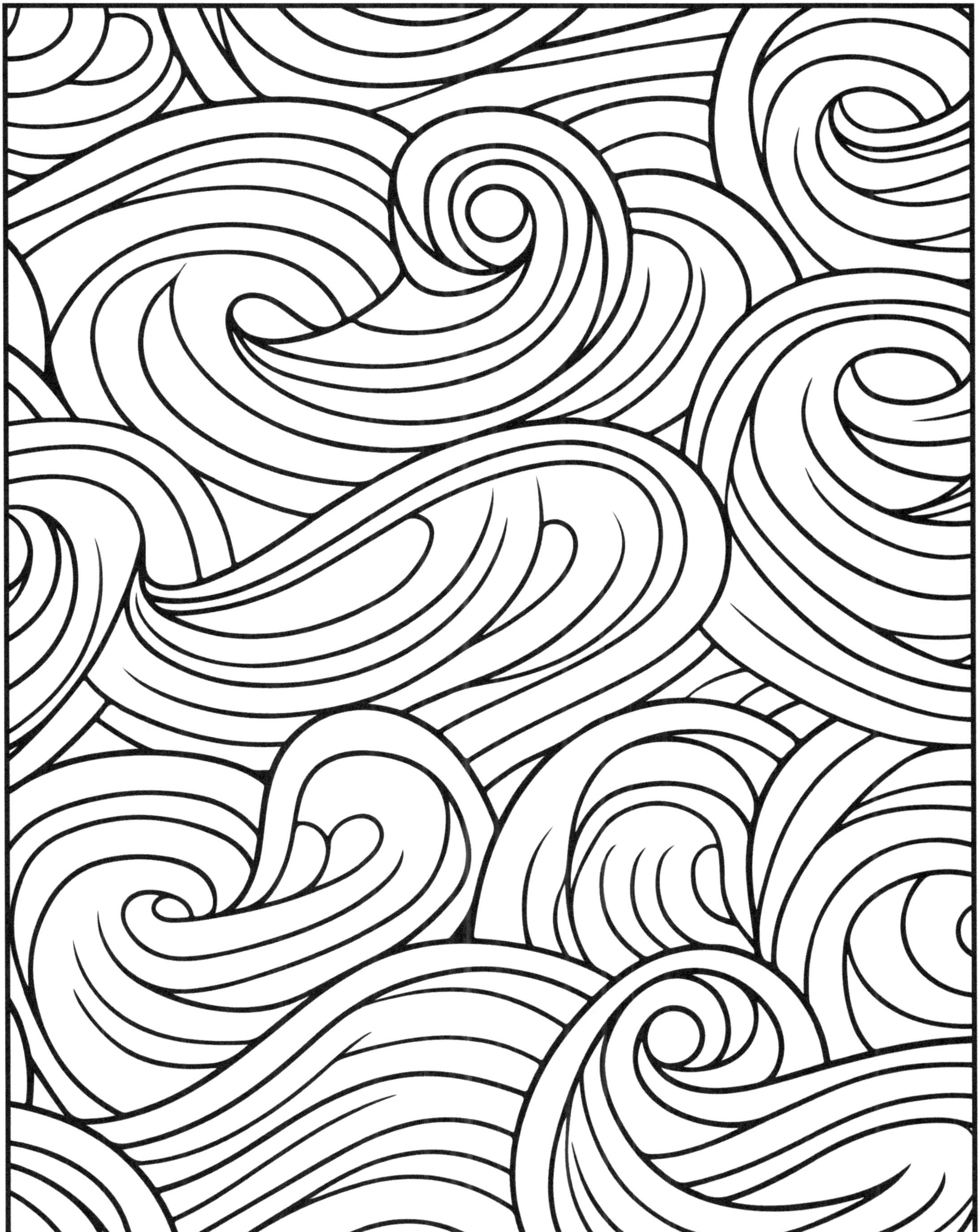

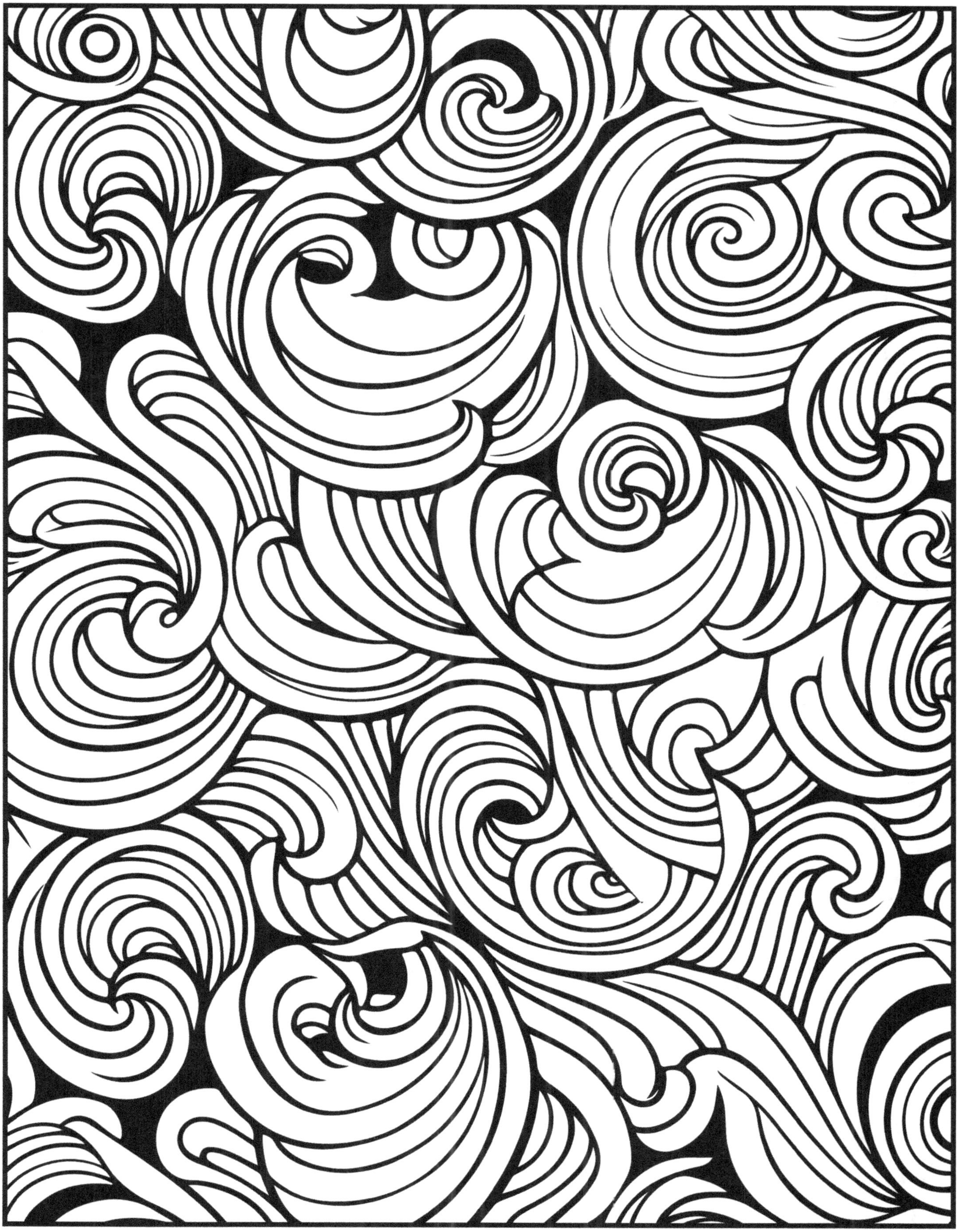

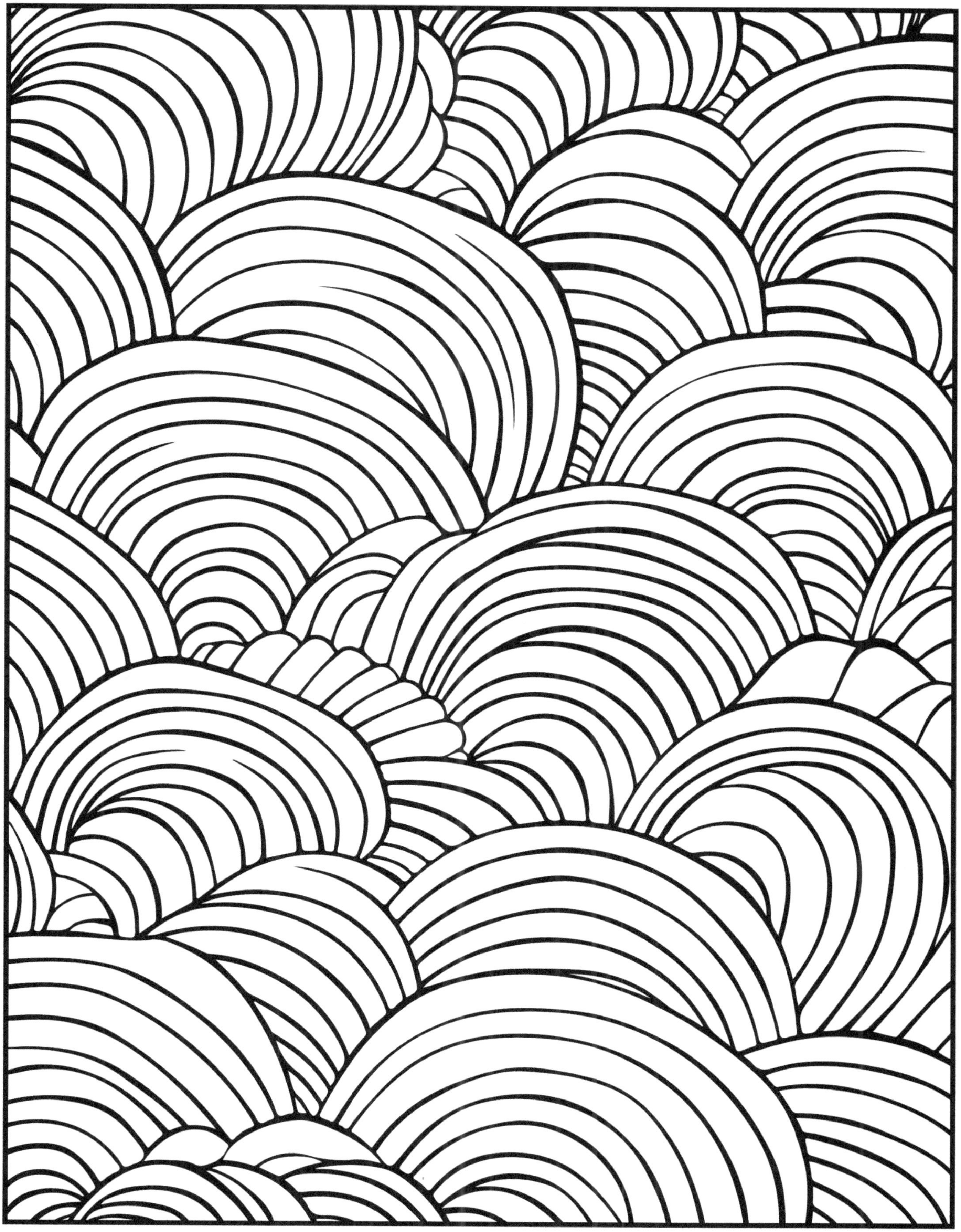

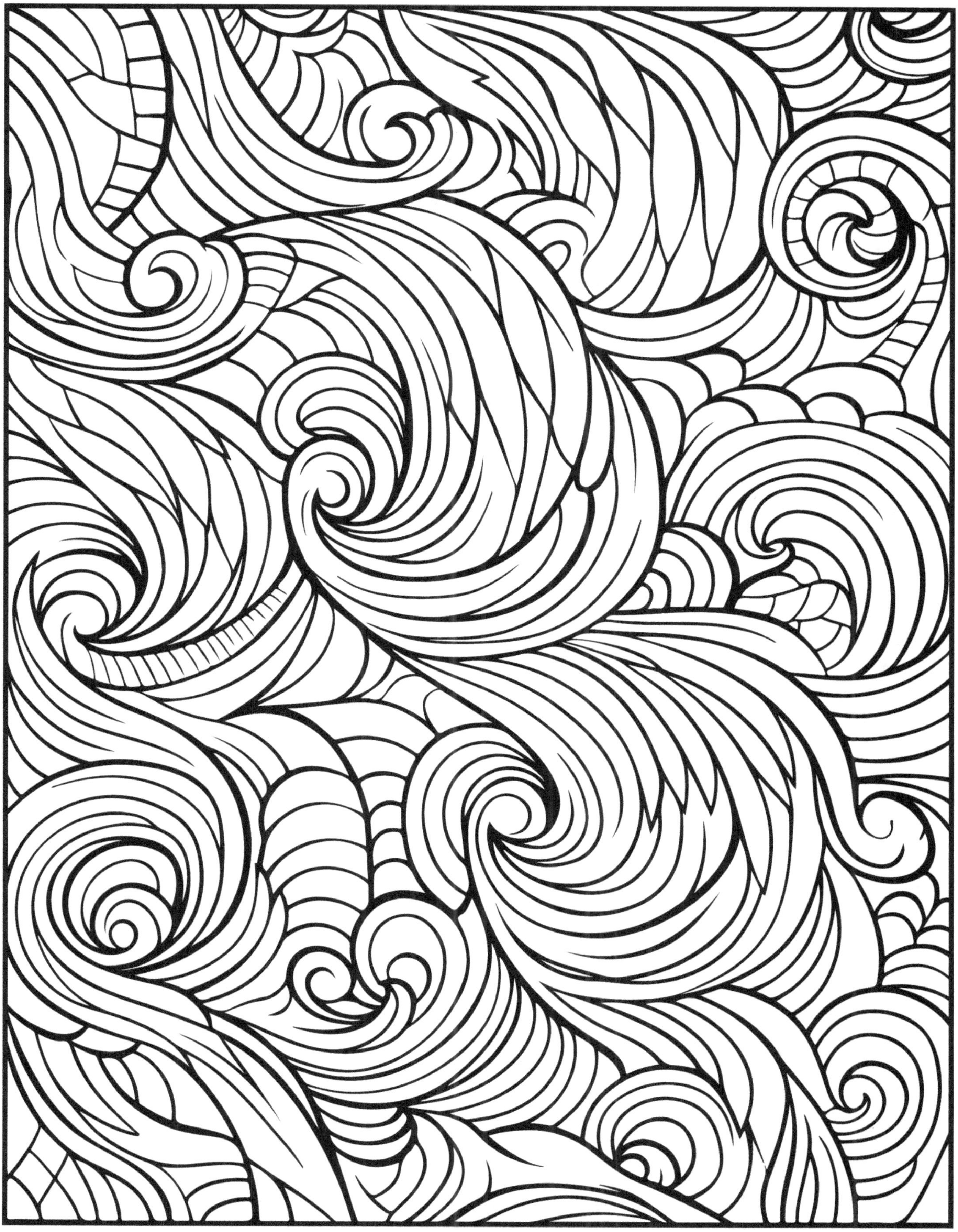

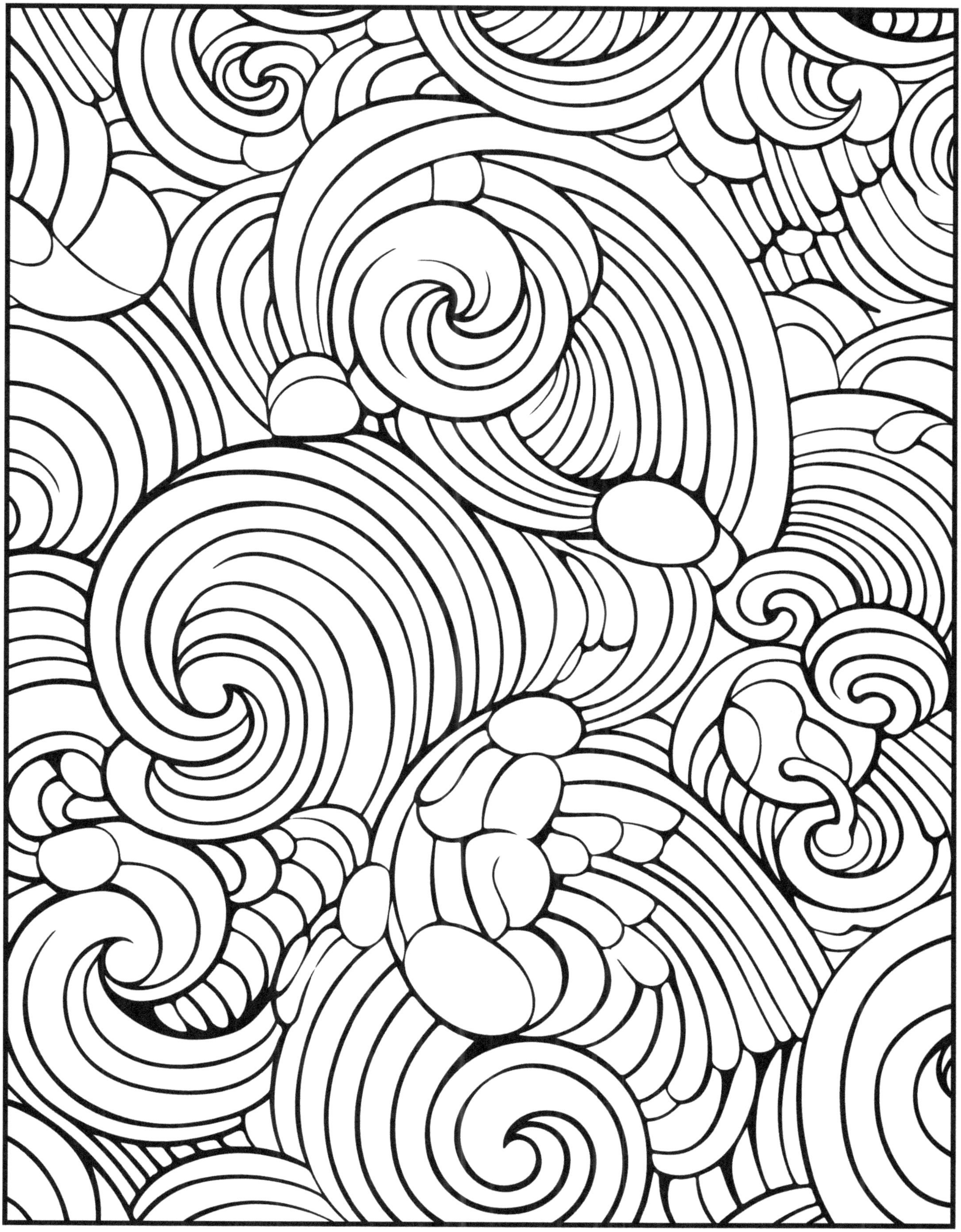

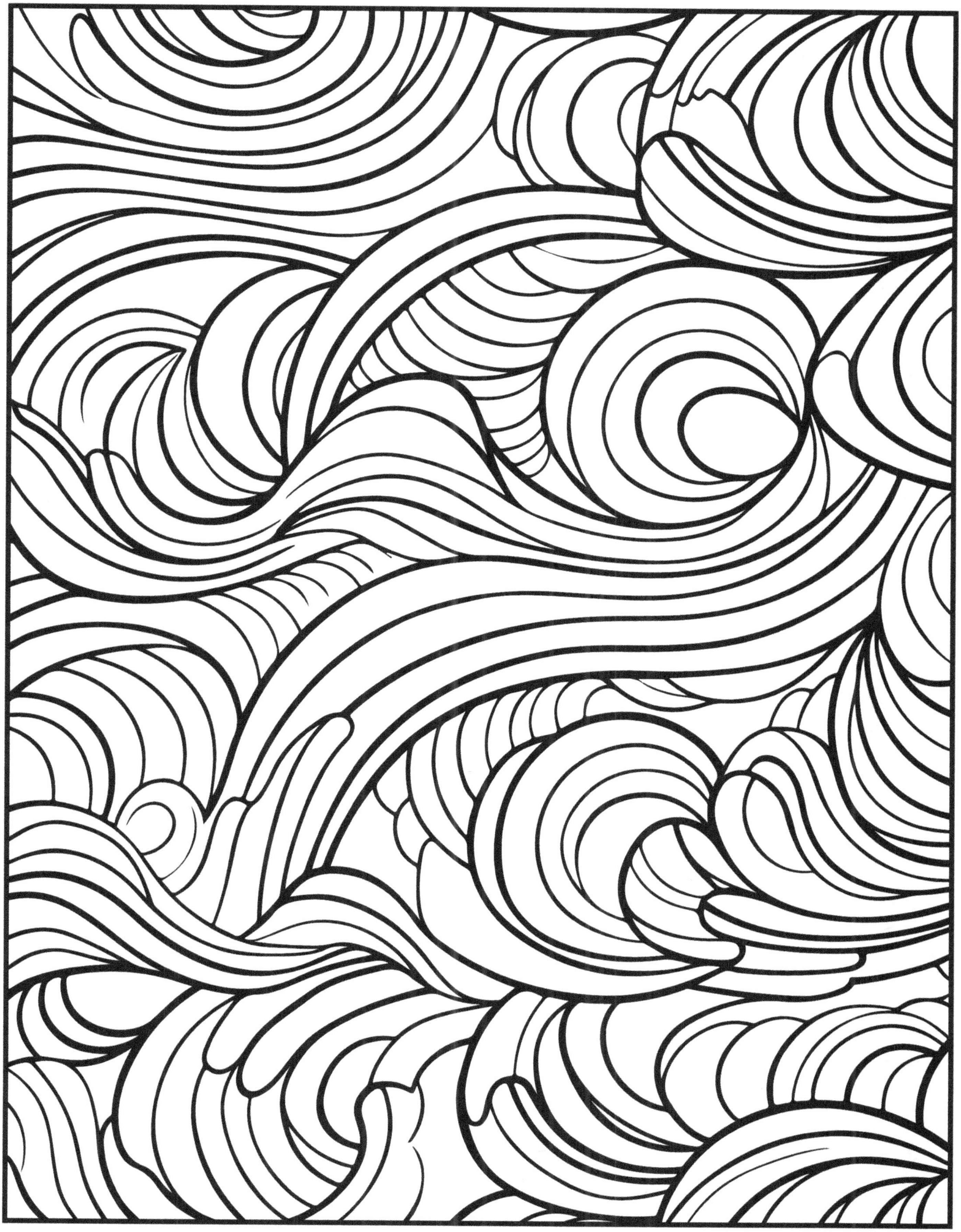

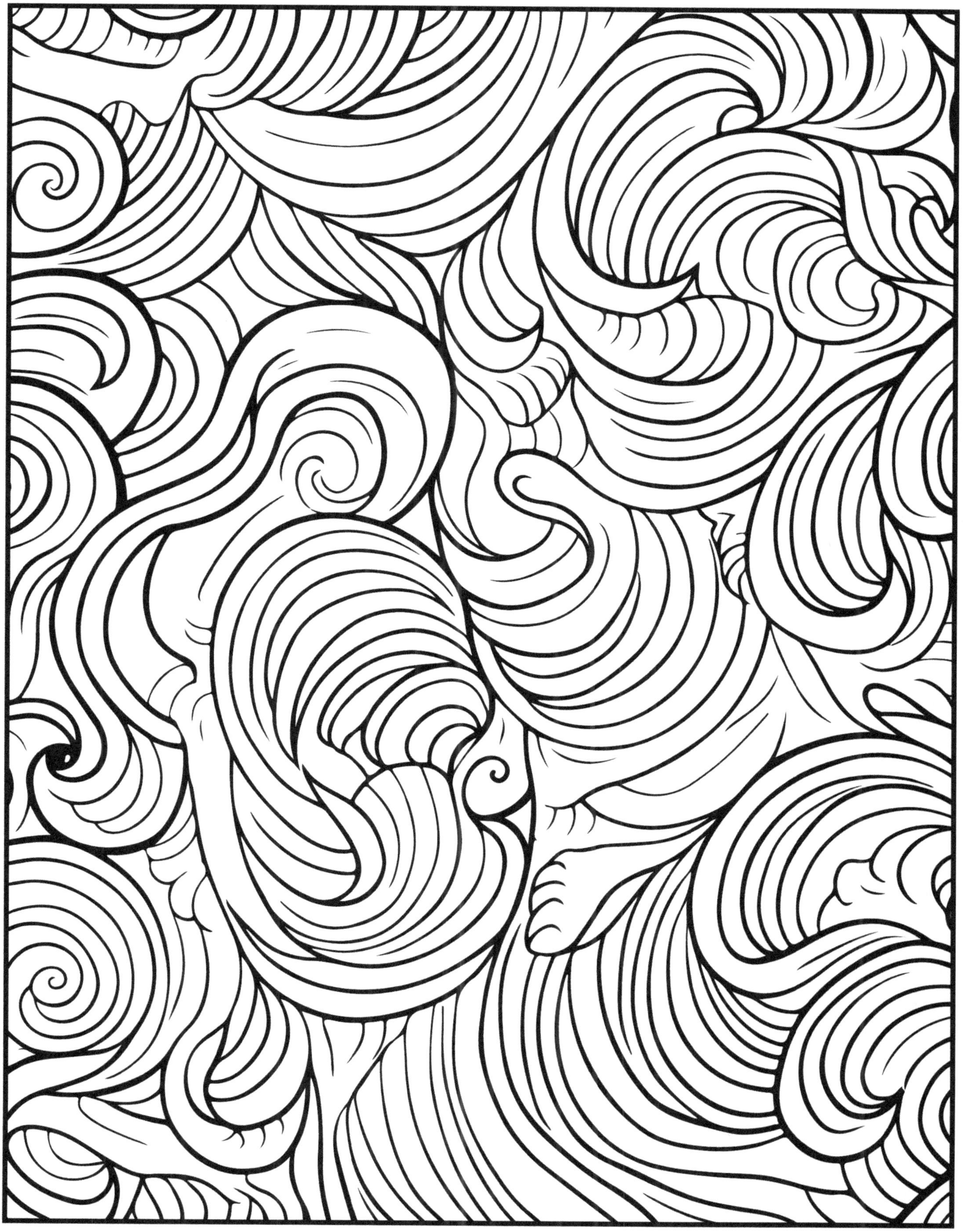

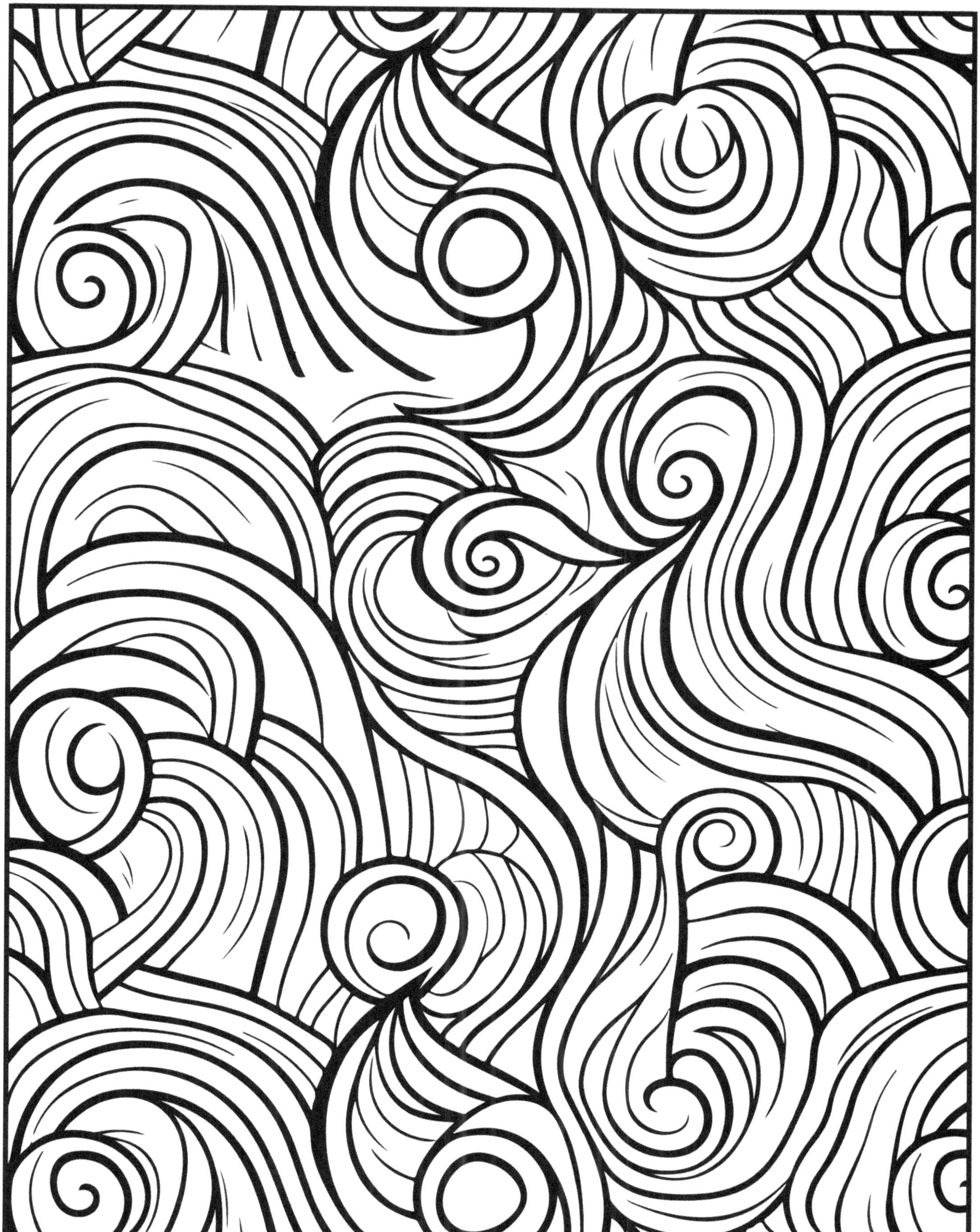

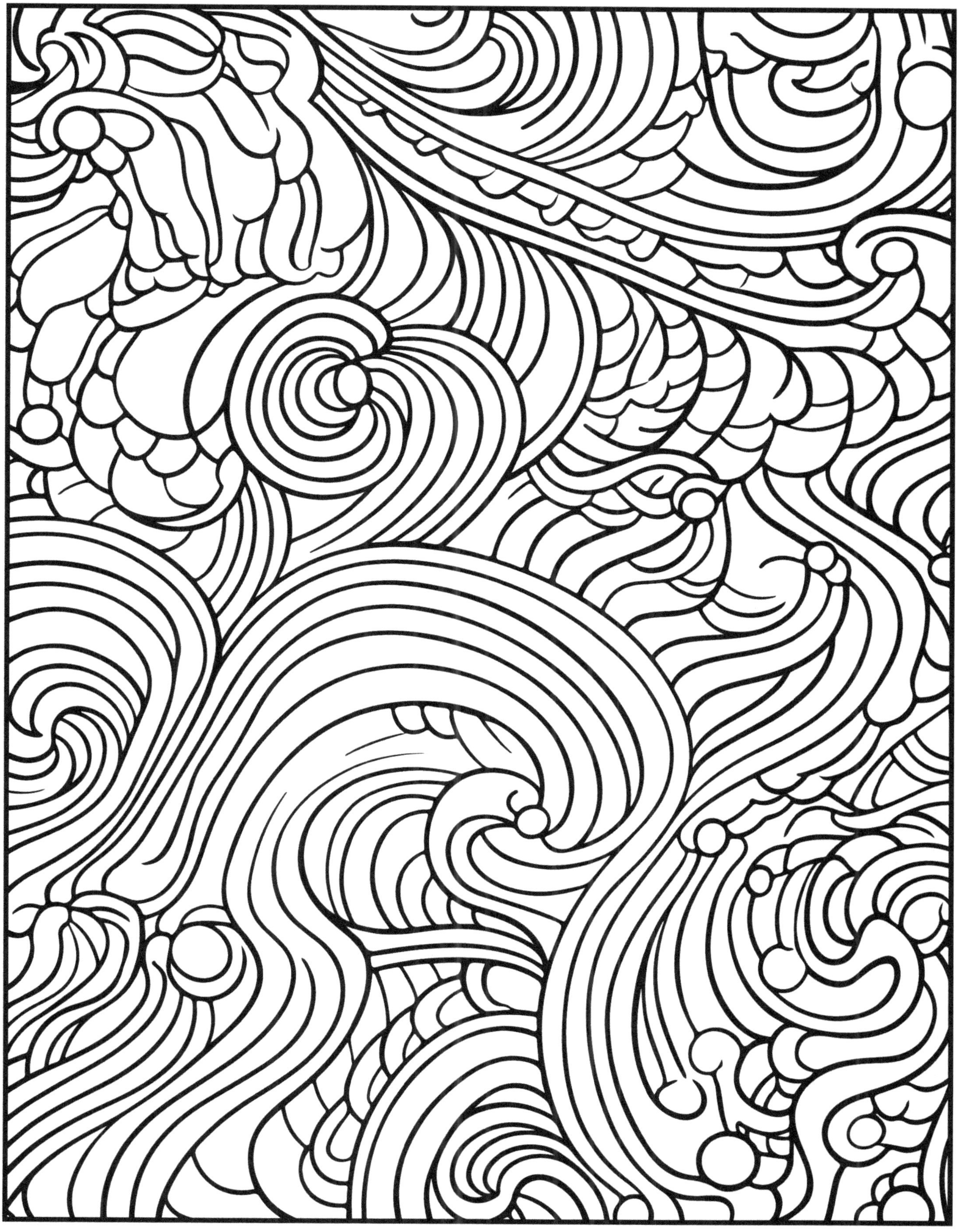

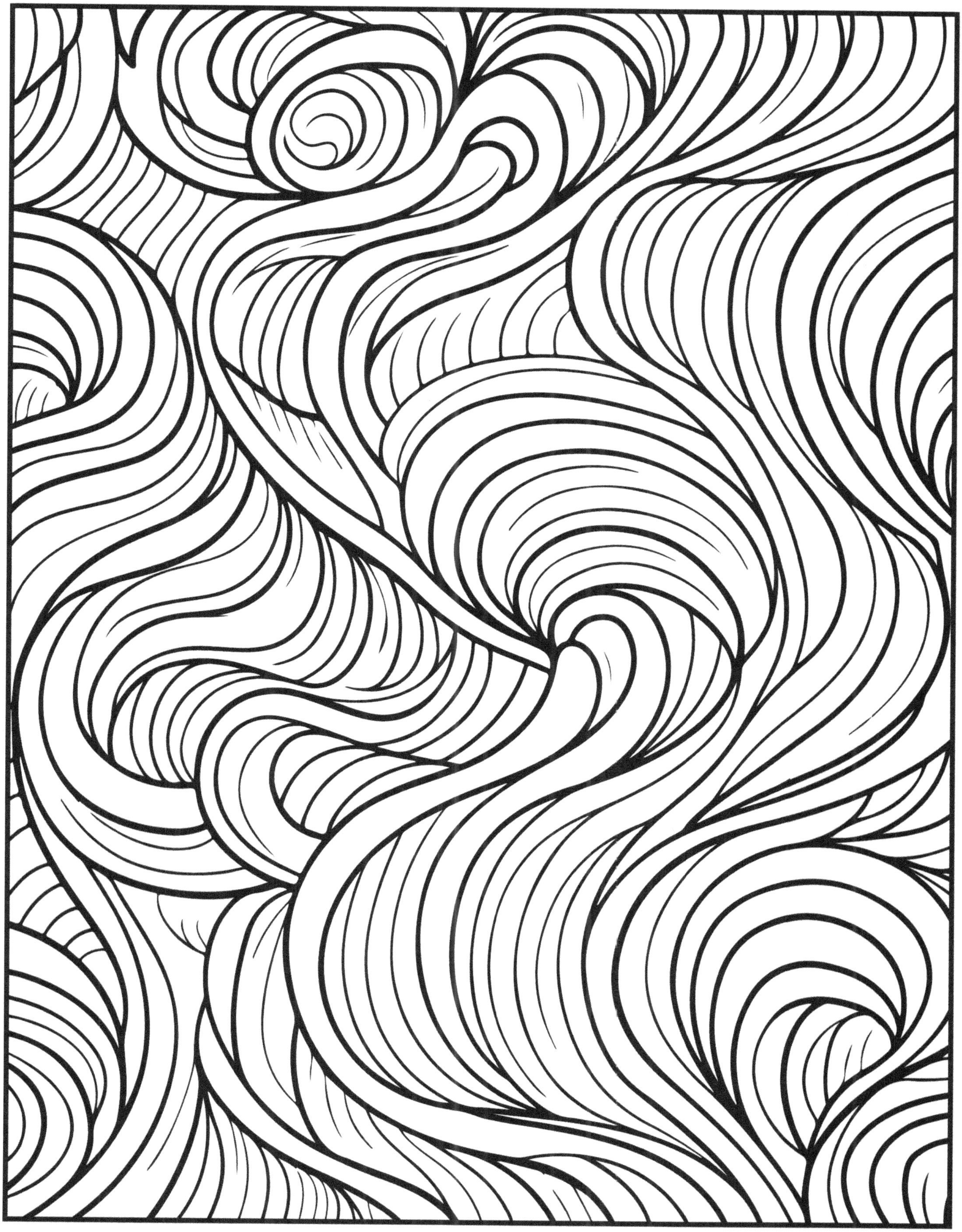

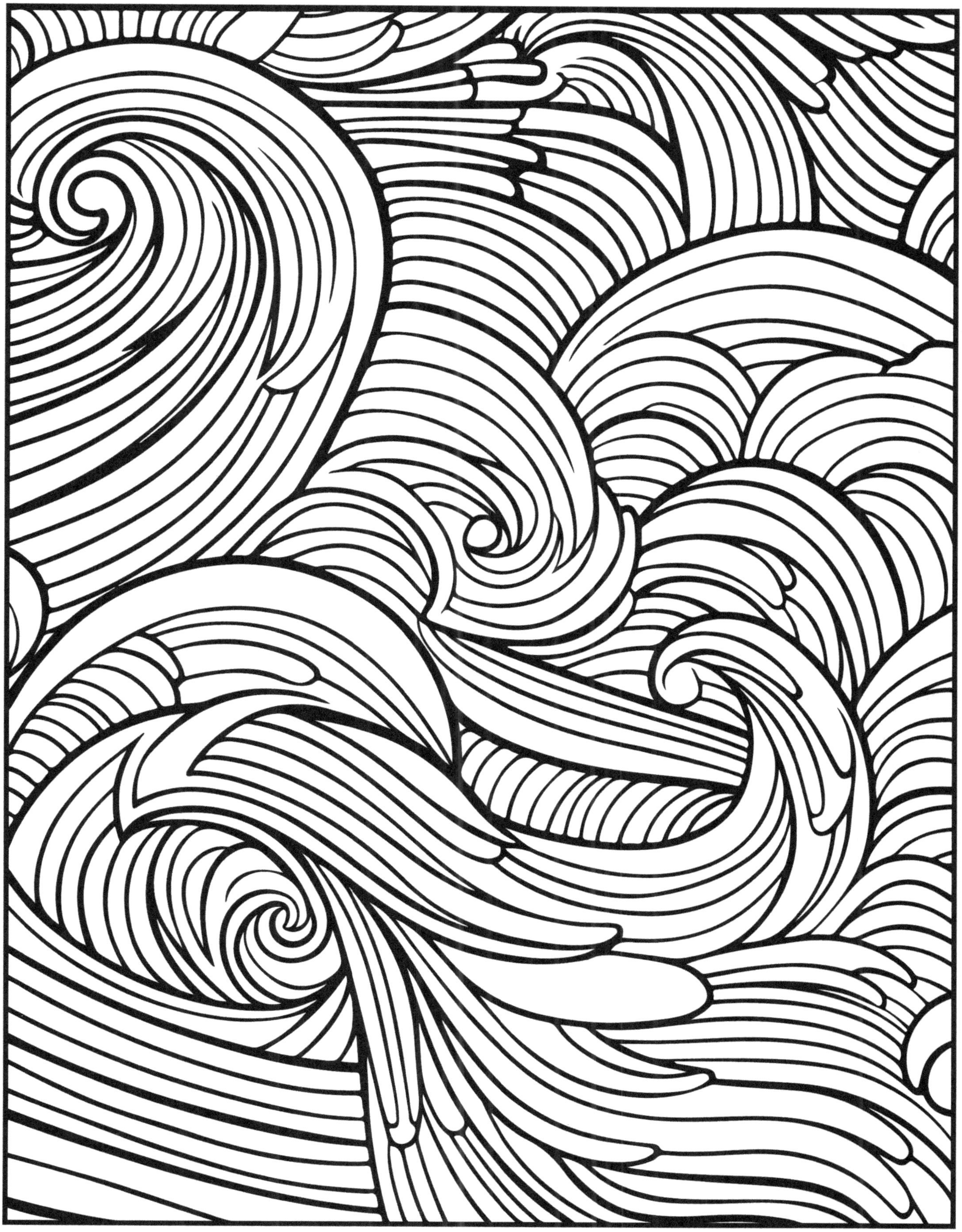

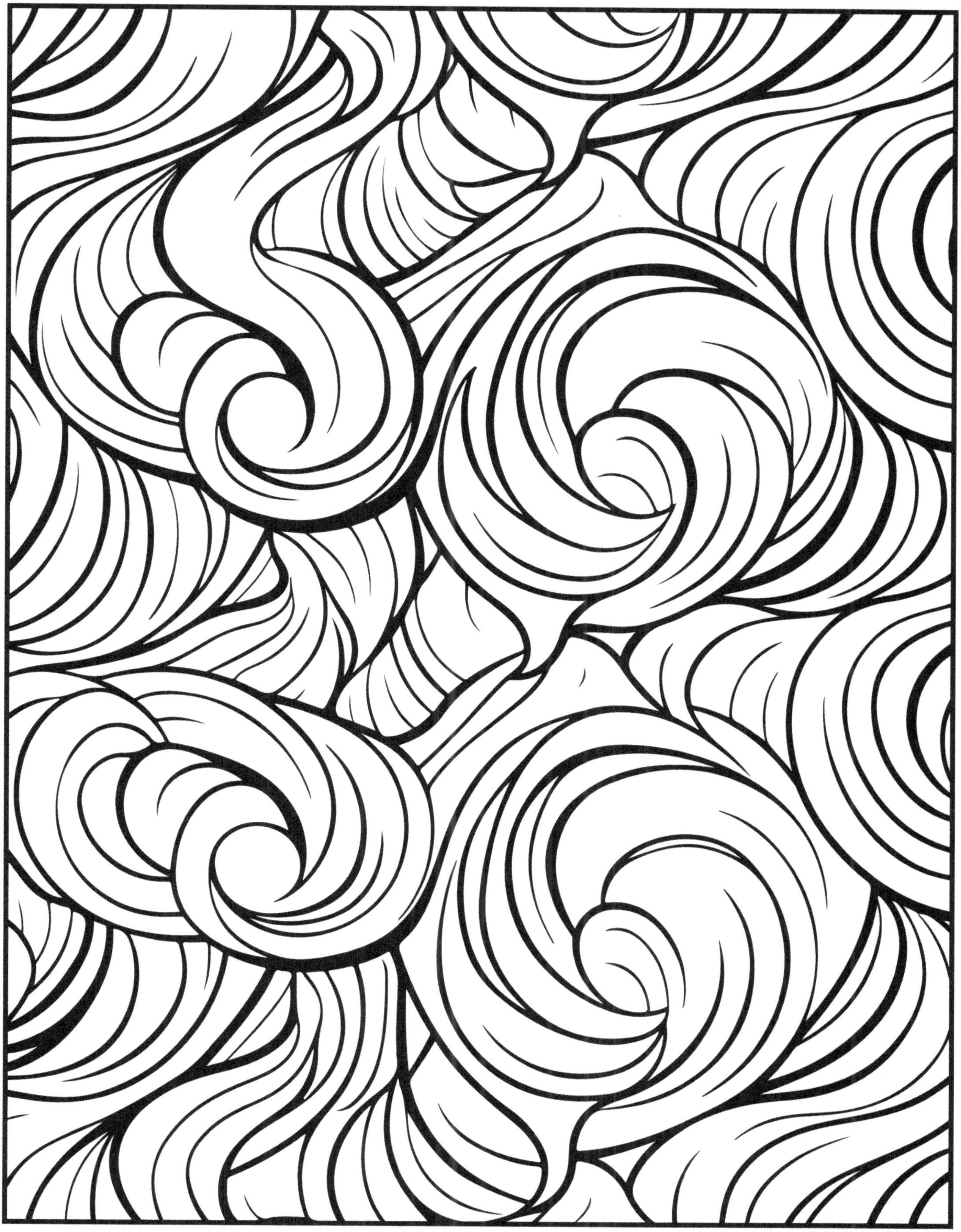

www.ingramcontent.com/pod-product-compliance
Lightning Source LLC
Chambersburg PA
CBHW082211220526
45470CB00010B/3129
* 9 7 9 8 3 2 7 6 5 7 6 4 9 *